Your

French
Vocabulary Guide
for GCSE

Val Levick
Glenise Radford
Alasdair McKeane

Titles available from Malvern Language Guides:

French	German	Spanish	Italian
Vocabulary Guide	Vocabulary Guide	Vocabulary Guide	Vocabulary Guide
Speaking Test Guide	Speaking Test Guide	Speaking Test Guide	Speaking Test Guide
Grammar Guide	Grammar Guide	Grammar Guide	Grammar Guide
French Dictionary	German Dictionary		
Mon Echange Scolaire	Mein Austausch	Mi Intercambio Escolar	
Ma Visite En France			
Key Stage 3 Guide	Key Stage 3 Guide	Key Stage 3 Guide	
CE 13+ French			
Standard Grade French			

(Order form inside the back of this book - photocopy and return)

CONTENTS

Please note the following points:

- * These verbs take **être** in the perfect and other compound tenses.

- *irreg* These verbs are irregular and must be learned.

- † These verbs are broadly regular in pattern, but have variations in some tenses.

- If an adjective adds **e** to form the feminine or is the same in both masculine and feminine, then only the masculine form is given.

- If an adjective has an irregular feminine form, then the masculine is shown followed by the feminine form.

- Adjectives which never change are marked 'inv' - invariable.

- Some common words appear in more than one list, if they could be used in more than one situation. Page references are made at the end of sections to indicate other words which might be useful to the topic.

A L'ÉCOLE

La scolarisation   School attendance

l'école (publique) (f) ... (state)school
l'école maternelle (f) ... nursery school
l'école primaire (f) ...... primary school
l'école primaire privée (f) prep school
le CES .... secondary school
le collège (d'enseignement secondaire)
.... secondary school
le collège privé .... public school
l'internat (m) .... boarding school
le lycée .... sixth form college

le cours préparatoire .... reception class
CE1 (cours élémentaire) .. year 1 and 2
CE2 (cours élémentaire) .. year 3 and 4
CM1 (cours moyen)..... year 4 and 5
CM2 (cours moyen)..... year 5 and 6
être en sixième............. to be in Year 7
être en cinquième......... to be in Year 8
être en quatrième .... to be in Year 9
être en troisième .... to be in Year 10
être en seconde .... to be in Year 11
être en première........... to be in Year 12
être en terminale.......... to be in Year 13

Les gens   People

le camarade de classe... classmate
la camarade de classe... classmate
le collégien .... secondary school pupil
la collégienne .... secondary school pupil
le conseiller d'orientation
.... careers officer
la conseillère d'orientation
.... careers officer
le, la concierge .... caretaker
le copain..................... (school) friend
la copine..................... (school)friend
le, la demi-pensionnaire... day-boy/girl
le directeur .... primary school
                    headmaster

la directrice .... primary school
                    headmistress
l'écolier(m), l'écolière(f). school boy, girl
l'élève (m, f) .... pupil
l'externe (m, f) .... day pupil
l'infirmière (f) .... matron
l'instituteur (m) .... primary school teacher
l'institutrice (f) .... primary school teacher
l'intendant (m), l'intendante (f)
.... bursar
l'interne (m, f)............. boarder
le lycéen, la lycéenne... pupil at a lycée
le, la partenaire............ partner
le principal, la principale . headteacher (collège)
le, la prof..................... teacher
le professeur................ teacher
le proviseur .... headteacher (lycée)
le, la secrétaire .... secretary
le surveillant................ student supervisor
la surveillante.............. student supervisor

Le groupe scolaire
                The school complex

l'atelier (m) .... workshop, studio
la bibliothèque............. library
le bureau .... office
la cantine..................... canteen
le CDI .... resources centre
le centre de documentation et d'information
.... resources centre
le couloir..................... corridor
la cour .... playground
le court de tennis .... tennis court
le dortoir .... dormitory
le foyer des élèves .... pupils' common room
le gymnase .... gym
l'infirmerie (f) .... sick bay
le laboratoire .... laboratory
le laboratoire de langues.. language lab
la piscine .... swimming pool

le préau........................ covered play area
la (grande) salle........... hall
la salle de classe .... classroom
la salle de permanence. private study room
la salle des professeurs. staffroom
le terrain de football .... football pitch
les vestiaires (m).......... changing rooms

L'année scolaire   The school year

l'échange scolaire (m) . school exchange
l'emploi du temps (m) . timetable
l'enseignement (m)...... teaching, education
les grandes vacances (f) ... summer holidays
la rentrée (des classes) . start of school year
la semaine.................... week
le trimestre .... term
les vacances de la Toussaint (f)
........................autumn half term holiday
les vacances de février (f)
........................February half term holiday
les vacances d'hiver (f)
........................February half term holiday
les vacances de Noël (f)... Christmas holidays
les vacances de Pâques (f) Easter holidays

La journée scolaire   The school day

l'après-midi (m) .... afternoon
l'assemblée (f)............. assembly
le cours........................ lesson
les devoirs (m)............. homework, prep
le jour, la journée......... day
la leçon........................ lesson
le matin .... morning
la pause de midi........... dinner hour
la récréation................ break
le repas de midi .... midday meal

L'uniforme scolaire
School uniform

le cardigan................... cardigan
les chaussettes (f)......... socks
les chaussures (f) .... shoes

la chemise .... shirt
le chemisier................. blouse
le collant .... pair of tights
la cravate.................... tie
le gilet......................... cardigan, waistcoat
la jupe .... skirt
le pantalon................... pair of trousers
le pull.......................... pullover
le pullover .... pullover
la robe......................... dress
la veste, le veston .... blazer
For colours see Page 29

Comment venez-vous à l'école?
How do you get to school?

à bicyclette................. by bicycle
à pied .... on foot
en autobus (m) .... by bus
en car .... by school bus
en métro .... by underground
en train........................ by train
en tramway................... by tram
en voiture .... by car

l'arrêt d'autobus (m) ... bus stop
la gare .... station
la gare routière .... coach station
la station...................... tube station

Quand arrivez-vous?
When do you arrive?

à temps........................ on time
en retard...................... late (for appointment)
tôt .... early
tard .... late (not early)
For clock times see page 92

Dans la salle de classe
In the classroom

l'autorisation (f) .... permission
le bureau du professeur ....teacher's desk
le casier....................... locker, pigeon hole

2

le casque	headphones
la chaise	chair
le chiffon	duster
la craie	chalk
les écouteurs (m)	headphones
l'écran (m)	screen
l'éponge (f)	sponge
la fenêtre	window
le magnétophone	tape recorder
le magnétoscope	video recorder
le microphone	microphone
le mur	wall
l'ordinateur (m)	computer
le placard	cupboard
le plafond	ceiling
le plancher	floor
la porte	door
le rétroprojecteur	overhead projector
la table	table
le tableau (noir/blanc)	(black/white) board

le bulletin	report
la copie	exercise, piece of work
le débat	debate
le devoir de français	French homework
les devoirs (m)	homework, prep
le dialogue	dialogue
la dissertation	essay
le dossier	project
l'écriture (f)	handwriting
l'éducation (f)	education
l'enseignement (m)	teaching
l'erreur (f)	mistake
l'exemple (m)	example
l'exercice (m)	exercise
l'extrait (m)	extract
la faute	mistake
la fois	time
la grammaire	grammar
la langue	language
la lecture	reading
la ligne	line

le mot	word
l'orthographe (f)	spelling
la page	page
la permission	permission
la phrase	phrase, sentence
le problème	problem
le rang	row
la rédaction	essay
la règle	rule; ruler
la réponse	reply, answer
le résultat	result
le résumé	summary
le silence	silence
le symbole	symbol
la traduction	translation
le vocabulaire	vocabulary

Le matériel scolaire
Classroom equipment

l'agrafe (f)	staple
l'agrafeuse (f)	stapler
le bâton de colle	glue stick
le blanco®	Tippex® pen
le bloc-notes	notepad, note book
le cahier	exercise book
le cahier de brouillon	rough book
la calculatrice/calculette	calculator
le carnet	notebook, vocab book
le cartable	schoolbag
la carte	map
la cartouche	ink cartridge
les ciseaux (m)	scissors
le classeur	folder, file, binder
la colle	glue
la craie	chalk
le crayon	pencil
le dictionnaire	dictionary
l'effaceur (m)	eraser pen
l'encre (f)	ink
la feuille de papier	sheet of paper
le feutre	felt tip pen
le fluo	highlighter pen

la gomme..................... rubber
le livre......................... book
le manuel..................... text book
le papier (à dessin)....... (drawing) paper
la perforeuse............... hole punch
le pinceau .... paint brush
la punaise .... drawing pin
la règle .... ruler; rule
la réponse .... answer
le sac à dos .... rucksack
le sac d'école.............. school bag
le scotch® .... Sellotape®
le stylo (à encre) .... (fountain) pen
le stylo (à bille) .... (ball-point) pen
le tableau .... picture
le taille-crayon............ pencil sharpener
le trombone .... paper clip
la trousse .... pencil case

Les matières　　　School subjects

l'allemand (m)............. German
l'anglais (m) .... English
l'art dramatique (m) .... drama
la biologie .... biology
la chimie..................... chemistry
les cours sur les médias (f) media studies
la couture.................... needlework
la cuisine .... cookery
le dessin...................... drawing
l'économie domestique ... home economics
l'éducation physique et sportive (f)
.... physical education
EPS .... PE
l'espagnol (m) .... Spanish
les études de commerce (f)
.... business studies
le français .... French
la géographie............... geography
le grec .... Greek
la gymnastique .... gymnastics
l'histoire (f) .... history
l'informatique (f)......... IT, computer studies

l'instruction civique (f) ....PSE
l'instruction religieuse (f) .RE
le latin .... Latin
la littérature................. literature
les maths (f) .... maths
les mathématiques (f) .. mathematics
la matière préférée....... favourite subject
la musique................... music
la physique................. physics
la poterie .... pottery
le russe .... Russian
les sciences (f)............. science
les SES (f) .... economics
les sciences économiques et sociales
.... economics
le sport .... sport
la technologie............. technology

Les examens　　Examinations
Les notes　　　　Marks

le brevet .... certificate, diploma
le certificat .... certificate
le contrôle .... assessment test
le diplôme .... certificate
l'épreuve (f) .... test paper, exam
l'épreuve écrite (f)....... written exam
l'épreuve orale (f) .... speaking test
l'examen (m)............... examination
la note .... mark
le résultat................... result

avoir une bonne note *irreg* .. to get a good mark
avoir une mauvaise note *irreg*
.... to get a bad mark
passer un examen .... to take an exam
rater un examen........... to fail an exam
réussir à un examen..... to pass an exam

Les activités extrascolaires
Out of school activities

le club .... club
la chorale.................... choir

4

l'échange (m) .... exchange
l'équipe (f) .... team
l'excursion (f) .... trip, outing
la fanfare .... brass band
le match .... match
l'orchestre (m) .... orchestra
la pièce de théâtre .... play
le tournoi .... tournament
la visite .... visit

C'est comment?   What is it like?

absent .... absent, away
affreux, affreuse .... awful
ancien, ancienne .... old, ex-, former
bavard .... talkative
bête .... stupid
bon, bonne .... good
ce, cet, cette, ces .... this, these
chouette .... super
classique .... classical
compliqué .... complicated
conscientieux, conscientieuse
.... conscientious
contraire .... opposite
difficile....................... difficult
droit............................ right, straight
en brique .... of brick
en béton .... of concrete
ennuyeux, ennuyeuse ... boring
exact .... exact, precise
excellent .... excellent
facile .... easy
faible (en) .... weak, not good (at)
fort (en) .... strong, loud, good (at)
faux, fausse .... wrong
génial.......................... great
important .... important
intéressant................... interesting
inutile .... useless
jeune .... young
long, longue................. long
marrant .... amusing, funny

méchant....................... naughty
mixte .... mixed
moderne .... modern
moyen, moyenne .... average
nouveau, nouvel, nouvelle ..new
nul, nulle (en) .... not good, hopeless (at)

paresseux, paresseuse .. lazy
précis........................... precise
préféré......................... favourite
présent......................... present, here
rigolo, rigolote .... amusing
sage............................. well-behaved
scolaire........................ to do with school
sévère.......................... strict
sympa (no f) .... nice
terminal....................... last (final)
travailleur, travailleuse ... hard-working
utile............................. useful
vieux, vieil, vieille........ old
vrai .... true, right

Des adverbes   Adverbs

bien .... well
lentement..................... slowly
mal .... badly
par cœur .... by heart
vite .... quickly

Des verbes utiles   Useful verbs

aimer........................... to like
apprendre *irreg*........... to learn
choisir .... to choose
commencer † .... to begin
compléter † .... to complete
comprendre *irreg*......... to understand
copier .... to copy
corriger †..................... to correct
demander..................... to ask (for)
écouter .... to listen (to)
écrire *irreg* .... to write
entendre .... to hear

5

entrer* (dans) .... to come/go in

être *irreg* .... to be

faire ses devoirs *irreg* .. to do one's homework

inscrire *irreg*............... to write down

lire *irreg* .... to read

ouvrir *irreg*.................. to open

parler........................... to speak

poser une question....... to ask a question

répéter † .... to repeat

répondre .... to reply, answer

se taire* *irreg* .... to be quiet

s'asseoir* *irreg* .... to sit down

calculer........................ to calculate

chanter......................... to sing

cocher.......................... to tick (✓)

comparer .... to compare

compter .... to count

correspondre................ to correspond

découper...................... to cut out

dessiner .... to draw

deviner .... to guess

discuter........................ to discuss, chat

effacer † .... to rub out, erase

être en colle *irreg* .... to be in detention

être en retenue *irreg*..... to be in detention

expliquer .... to explain

faire attention *irreg*...... to be careful, pay attention

faire une expérience *irreg* to do an experiment

indiquer....................... to point out

se lever* † .... to stand up, to get up

mettre dans le bon ordre *irreg*
.........................to put in the right order

mieux aimer .... to prefer

montrer........................ to show

noter............................ to note

préférer †..................... to prefer

prendre des notes *irreg* ... to make notes

rayer † .... to cross out

regarder....................... to look at, watch

remplir .... to fill (in) (up)

souligner...................... to underline

tourner .... to turn

traduire *irreg*............... to translate

aller* à l'école *irreg* .... to go to school

arriver* .... to arrive

avoir *irreg* .... to have

avoir raison *irreg*......... to be right

avoir tort *irreg*............. to be wrong

détester........................ to dislike, hate

dire *irreg* .... to say, tell

donner.......................... to give

durer .... to last

enseigner...................... to teach

essayer (de) † .... to try (to)

être en retard *irreg*....... to be late

étudier......................... to study

faire ses excuses *irreg* . to apologise

jouer à .... to play (sport)

jouer de .... to play (instrument)

oublier......................... to forget

penser.......................... to think

perdre.......................... to lose

porter .... to wear; to carry

pouvoir *irreg* .... to be able to, can

quitter.......................... to leave

raconter .... to tell

savoir *irreg*.................. to know, know how to

sortir* (de) .... to go out (of)

venir* *irreg* .... to come

voir *irreg*..................... to see

vouloir *irreg*................ to want to, wish

il s'agit de... .... it is about...

s'arrêter* (de).............. to stop

assister à...................... to be present at

avoir la moyenne *irreg* to get a pass mark

chahuter .... to play up, mess about

conseiller..................... to advise

faire des progrès *irreg* . to make progress

faire l'appel *irreg* .... to call the register

imaginer...................... to imagine

inventer .... to invent

laisser tomber.............. to drop

6

permettre *irreg*............. to allow, give permission

punir............................. to punish

surveiller .... to supervise

tricher.......................... to cheat

For further education and training see page 69

Le professeur dit:

Entrez dans la salle de classe	Come/go into the classroom
Ferme la porte/la fenêtre, s'il te plaît	Close the door/the window, please
Asseyez-vous! assieds-toi!......................................	Sit down!
Doucement!...	Quieten down!
Levez-vous! lève-toi!..	Stand up!
Silence!	Silence!
Je vais faire l'appel..	I'm going to call the register
Sortez vos cahiers/classeurs	Get out your exercise books/folders
Prenez le livre/manuel de français	Pick up your French textbook
Ouvrez à la page 32...	Turn to page 32
Lisez le texte	Read the text
Cherche 'lapin' dans le dictionnaire.........................	Look up 'lapin' in the dictionary
Cherche 'lapin' dans le vocabulaire	Look up 'lapin' in the vocabulary
Écoutez (la cassette)!	Listen (to the tape)!
Regardez l'écran/la prochaine page!	Look at the screen/the next page!
Répétez/répète	Repeat
Encore une fois, tout le monde	Once more, everyone
Répondez aux questions...	Answer the questions
Depuis quand apprends-tu le français?.....................	How long have you been learning French?
Regardez le tableau (noir/blanc)	Look at the (black/white) board
Écrivez la date. Nous sommes le huit septembre......	Put the date. It is September 8th
Quel jour sommes-nous aujourd'hui?	What is the date today?
Écrivez le titre	Put the title
Soulignez avec une règle	Use a ruler to underline
Numérotez de un à cinq...	Number from one to five
Complétez l'exercice numéro 2	Finish exercise 2
Complétez les phrases...	Finish the sentences
Corrigez votre travail avec un stylo vert	Correct your work with a green pen
Épelle le mot "cahier"...	Spell the word "cahier"
Cochez la case	Tick the box

Vrai ou faux?	True or false?
Choisissez la bonne réponse	Choose the right answer
C'est juste!	Right!
Fermez vos cahiers	Shut your exercise books
Passez les cahiers à Chris, s'il vous plaît	Pass the exercise books to Chris, please
Ramassez les cahiers	Pick up the exercise books
Apportez-moi les cahiers à la salle des professeurs	Bring the exercise books to me at the staffroom
Choisis une carte, s'il te plaît, Chris	Choose a card, please, Chris
Choisissez une personne...	Choose someone...
Travaillez par groupes de deux personnes	Work in pairs
Travaillez avec votre partenaire	Work with your partner
Préparez un dialogue	Work out a dialogue/role play
Inscrivez les devoirs dans vos cahiers	Write down the homework in your exercise books
C'est pour mardi	It's for Tuesday
Apprenez la liste de vocabulaire	Learn the list of words
Vous le ferez pour demain	You will do it for tomorrow
C'est pour un contrôle, jeudi prochain	There will be a test on it next Thursday
Comprenez-vous?	Do you understand?
Taisez-vous!	Stop talking! Be quiet!
Dépêchez-vous!	Hurry up!
Rangez vos affaires!	Put your things away!
Levez-vous!	Stand up!
Mettez les chaises sur/sous les tables	Put the chairs on/under the tables
Viens me voir demain matin à neuf heures	Come and see me tomorrow morning at 9

Le professeur corrige les copies:

Tu as dix-sept sur vingt	You got 17 out of 20
Tu n'as que cinq sur vingt	You only got 5 out of 20
Il y a des fautes...	There are some mistakes...
"Vieille" s'écrit avec deux "i" et deux "l"	"vieille" has two i's and two l's.
Assez bien	Quite good
Bien	Good
Bon effort	Good effort
Très bien	Very good
Travail excellent	Excellent

Les élèves disent:

J'apprends le français depuis un an/deux ans	I've been learning French for one/two year(s)
Je comprends	I understand
Je ne comprends pas	I don't understand
Je ne sais pas	I don't know
J'ai une bonne/mauvaise note	I got a good/bad mark
Parles-tu français/anglais?	Do you speak French/English?
J'ai oublié mon stylo/ma trousse	I've forgotten my pen/my pencil case
J'ai oublié mes devoirs	I've forgotten my homework
Je voudrais un nouveau cahier, s'il vous plaît	I would like a new exercise book, please
Excusez-moi, Madame/Monsieur	Please Miss/Sir...
À quelle page sommes-nous?	What page are we on?
Comment dit-on "homework" en français?	How do you say "homework" in French?
Comment écrit-on "le chien"?	How do you spell "le chien"?
Que veut dire "le chien" en anglais?	What does "le chien" mean in English?
Comment cela se prononce-t-il??	How do you pronounce that?
C'est dans quel cahier?	Which exercise book shall we do it in?
Voulez-vous répéter ça, s'il vous plaît?	Will you say that again, please?
Pouvez-vous-vous parler plus lentement, s'il vous plaît?	Can you speak more slowly, please?
Est-ce que je peux ouvrir la fenêtre?	May I open the window?
Est-ce que je peux sortir?	May I leave the room?
Est-ce que je peux tailler mon crayon?	May I sharpen my pencil?
Je suis en quatrième/troisième/seconde	I am in Year 9/10/11

Des phrases

Les cours commencent à 9 heures et finissent à quatre heures *Lessons begin at 9 and end at 4*

J'ai six cours par jour *I have six lessons a day*

Ma matière préférée est la géographie *My favourite lesson is geography*

Je suis fort(e) en histoire *I am good at history*

Je suis faible en latin *I am poor at Latin*

Je suis nul(le) en français *I'm useless at French*

Je vais passer mes examens cette année *I shall be taking my exams this year*

J'arrive au collège à neuf heures moins le quart *I get to school at 8.45 am*

Je viens au collège à pied *I walk to school*

Je porte un uniforme scolaire *I wear school uniform*

LA VIE DE FAMILLE

Le logement   Housing

l'appartement (m)	flat
le bâtiment	building
la ferme	farm
l'HLM (f)	council, housing association flat
l'immeuble (m)	block of flats
la maison	house
la maison jumelle	semi-detached house
la maison mitoyenne	semi-detached house
le pavillon	detached house, villa
le studio	bedsit, studio

La location   Situation

l'adresse (f)	address
la banlieue	suburbs
la campagne	country (not town)
le département	administrative department (County)
la mer	sea
le pays	country (state)
le quartier	district of town, city
la ville	town
le village	village
à l'est (m)	in the east
au nord	in the north
à l'ouest (m)	in the west
au sud	in the south

For names of countries see page 89

L'adresse (f)   Address

l'allée (f)	lane, avenue
l'avenue (f)	avenue
le boulevard	boulevard, wide road
le centre	centre
le chemin	lane, path
l'impasse (f)	cul de sac
le passage	passage, alley
la place	square

le pont	bridge
le quai	embankment, quay
la route	main road
la rue	street, road
le code postal	postcode
le domicile	place of residence
le loyer	rent
le numéro	number
le numéro de fax	fax number
le numéro de téléphone	phone number
le propriétaire	owner

Les généralités   General

l'accueil (m)	welcome
l'ascenseur (m)	lift
le balcon	balcony
la cheminée	fireplace, chimney
la clé	key
le couloir	corridor
l'escalier (m)	staircase
l'étage (m)	floor, storey
l'étagère (f)	shelf
l'entrée (f)	entrance
la fenêtre	window
la grille	gate
le, la locataire	tenant
la lumière	light
la marche	step (on stairs)
le mètre carré	square metre
le mur	wall
le nettoyage	cleaning
le palier	landing
la peinture	paint(ing)
le plafond	ceiling
le plan	plan
le plancher	floor
la poignée	gate
la porte (d'entrée)	(front) door
le premier étage	first floor, upstairs

la rampe	banisters
le rez-de-chaussée	ground floor
les riverains (m)	inhabitants
la serrure	lock
le toit	roof
le verre	glass
le volet	shutter

l'ampoule électrique (f)	light bulb
le bouton	switch
le chauffage central	central heating
l'eau (f)	water
l'électricité (f)	electricity
le gaz	gas
l'interrupteur (m)	switch
la prise de courant	plug
le radiateur	radiator

Les pièces (f)   Rooms

la buanderie	utility room
le bureau	study
la cave	cellar
la chambre	bedroom
la cuisine	kitchen
le garage	garage
le grenier	attic, loft
la salle à manger	dining room
la salle de bains	bathroom
la salle de jeux	playroom
la salle de séjour	living-room, lounge
le salon	lounge, sitting room
le séjour	living-room
le sous-sol	basement
les toilettes (f)	toilet
la véranda	conservatory
le vestibule	hall
les WC (m)	toilet

La salle de bains   Bathroom

la baignoire	bath (tub)
le bain	bath (activity)
le bain moussant	bubble bath
le bidet	bidet

la brosse à dents	toothbrush
le dentifrice	toothpaste
le déodorant	deodorant
la douche	shower
le drap de bain	bath towel
l'eau chaude (f)	hot water
l'eau froide (f)	cold water
l'éponge (f)	sponge
le gant de toilette	flannel
le lavabo	wash basin
le miroir	mirror
le papier hygiénique	toilet paper
la prise-rasoir	electric razor socket
le rasoir	razor
le robinet	tap
le savon	soap
la serviette	towel
le shampooing	shampoo

La chambre (à coucher)
Bedroom

l'armoire (f)	wardrobe
le baladeur	personal stereo
la brosse	brush
la cassette	cassette
le CD	compact disc
la chaîne compacte	stereo system
la chaise	chair
la couverture	blanket
la couette	duvet, quilt
le drap	sheet
la glace	mirror
la housse	duvet cover
le jeu-vidéo	video game
les jouets (m)	toys
la lampe	lamp
le lit	bed
le livre	book
le micro-ordinateur	computer
la moquette	fitted carpet
l'oreiller (m)	pillow
le peigne	comb
le poster	poster

11

le rideau .... curtain
le radio-réveil .... radio clock
le sèche-cheveux.......... hairdryer
le tapis...................... rug, carpet (not fitted)
le téléviseur .... television set

La salle de séjour   **Living room**
Le salon   **Lounge**
la bibliothèque............. book-case
le canapé .... sofa, settee
le cendrier .... ashtray
la chaîne hi-fi .... stereo system
la cheminée .... fireplace
le coussin..................... cushion
le disque compact .... compact disc
le fauteuil .... armchair
le magnétophone .... tape recorder
le magnétoscope .... video recorder
la moquette.................. fitted carpet
la peinture .... painting
la pendule.................... clock
le piano....................... piano
la photo .... photo
la platine-laser .... CD player
la table basse .... coffee table
le téléviseur .... TV set

La salle à manger   **Dining room**
l'assiette (f) .... plate
le bol .... bowl
la bougie..................... candle
le buffet...................... sideboard
la chaise...................... chair
la cafetière.................. coffee pot
le couteau .... knife
les couverts (m) .... cutlery
la cuillère.................... spoon
la fourchette .... fork
la nappe...................... tablecloth
la soucoupe................. saucer
la table....................... table
le tableau .... picture
la tasse....................... cup

la théière .... teapot
le tire-bouchon .... corkscrew
la vaisselle.................. crockery
le verre (à vin)............ (wine) glass

La cuisine   **Kitchen**
les allumettes (f).......... matches
l'aspirateur (m) .... vacuum cleaner
la bouilloire................. kettle
la casserole.................. saucepan
la cocotte..................... casserole
la cocotte-minute........ pressure cooker
le congélateur............. freezer
la cuisinière à gaz........ gas cooker
la cuisinière électrique. electric cooker
l'essoreuse (f).............. spin dryer
l'évier (m) .... sink
le fer à repasser .... iron
le four .... oven
le four à micro-ondes .. microwave
le frigidaire®/frigo...... fridge
le grille-pain............... toaster
le lave-vaisselle .... dishwasher
le lave-linge .... washing machine
la lessive .... washing powder
l'ouvre-boîte (m)......... can opener
l'ouvre-bouteille (m) ... bottle opener
le placard.................... cupboard
la planche à repasser.... ironing board
le plateau.................... tray
la poêle....................... frying pan
la poubelle................... rubbish bin
le produit à vaisselle.... washing up liquid
le réfrigérateur............ fridge
le sèche-linge .... tumble dryer

Le vestibule   **Hall**
la clé .... key
l'entrée (f) .... entrance
l'escalier (m) .... staircase
la porte d'entrée .... front door
le répondeur (téléphonique)
.... answering machine

la sonnette	doorbell	de luxe	luxurious
le téléphone	telephone	élégant	elegant
		en bas	downstairs, below
Le garage	**Garage**	en bon état (inv)	in good condition
l'auto (f)	car	en haut	upstairs, above
la moto	motorbike	en mauvais état (inv)	in poor condition
les outils (m)	tools	essentiel, essentielle	essential
la tondeuse (à gazon)	lawnmower	étroit	narrow
le vélo	bike	grand	big
la voiture	car	de grand standing (inv)	posh
		joli	pretty
Le jardin	**Garden**	laid	ugly
l'arbre (fruitier) (m)	(fruit) tree	meublé	furnished
l'arbuste (m)	shrub	moderne	modern
la brouette	wheelbarrow	nécessaire	necessary
le buisson	bush, shrub	neuf, neuve	brand new
la fleur	flower	nouveau, nouvel, nouvelle	
le fruit	fruit		new
le gazon	lawn	paisible	peaceful
la haie	hedge	parfait	perfect
l'herbe (f)	grass	petit	small
le jardin potager	vegetable garden	pratique	practical
le légume	vegetable	privé	private
le parking	parking space	propre	clean, own
la pelouse	lawn	sale	dirty
la plate-bande	flower bed	vide	empty
le pommier	apple tree		
la remise	shed	ancien, ancienne	old, ex-, former
le sapin	fir tree	industriel, industrielle	industrial
la serre	greenhouse	pittoresque	picturesque
la terrasse	patio, terrace	touristique	tourist
		typique	typical
C'est comment?	**What is it like?**		
accueillant	welcoming	**C'est où?**	**Where is it?**
agréable	pleasant	donne sur le jardin	overlooks the garden
aménagé	fitted, converted	donne sur la rue	overlooks the street
beau, bel, belle	beautiful	au rez-de-chaussée	on the ground floor
bizarre	odd, strange	au premier étage	upstairs, on the first floor
bruyant	noisy		
calme	quiet	en bas	downstairs
cher, chère	dear, expensive	en haut	upstairs
chic (no f)	smart	par ici	this way
confortable	comfortable	par là	that way

13

dans............................. in
derrière........................ behind
devant.......................... in front of
entre .... between
sous .... under
sur .... on

Des verbes utiles　　**Useful verbs**

acheter †...................... to buy
aider .... to help
allumer........................ to light, switch on
allumer la radio .... to switch on the radio
allumer le gaz.............. to turn on the gas
avoir besoin de *irreg*.... to need
débarrasser la table ...... to clear the table
essuyer † .... to wipe
éteindre *irreg*............... to switch off
faire du jardinage *irreg* to garden
faire du ménage *irreg* .. to do housework
faire du repassage *irreg* to iron clothes
faire des courses *irreg*.. to do the shopping
faire la cuisine *irreg*..... to do the cooking
faire la lessive *irreg* ..... to do the washing
faire la vaisselle *irreg* .. to do the washing up
faire le lit *irreg* .... to make the bed
habiter .... to live, reside
mettre la table/le couvert *irreg*
　　............................. to set the table
nettoyer † .... to clean
ouvrir *irreg*.................. to open, turn on the tap
partager † .... to share
préparer les repas......... to get meals ready
ranger ses affaires †..... to tidy up
réparer .... to repair

accueillir...................... to greet, welcome
agrandir .... to extend
aménager † .... to convert
arroser .... to water
brancher .... to plug in
décorer .... to decorate
déménager †................ to move house

faire du bricolage *irreg* ....to do odd jobs, DIY
fermer .... to shut, turn off (tap)
frapper (à la porte) ...... to knock on the door
meubler........................ to furnish
passer l'aspirateur........ to vacuum
renverser .... to upset, overturn
sonner (à la porte) .... to ring (the doorbell)
tondre la pelouse .... to mow the lawn

se brosser* les cheveux ....to brush one's hair
se coucher* .... to go to bed
s'endormir* *irreg* .... to fall asleep
s'habiller*.................... to get dressed
se laver*...................... to wash oneself
se laver* les dents........ to clean one's teeth
se lever* † .... to get up
se peigner*.................. to comb one's hair
se raser*...................... to shave
se réveiller*................. to wake up

avoir faim *irreg* .... to be hungry
avoir soif *irreg* .... to be thirsty
boire *irreg* .... to drink
déjeuner .... to have lunch
dîner........................... to have dinner (evening)
manger † .... to eat
prendre le petit déjeuner *irreg*
　　............................. to have breakfast

aller* chercher *irreg* .... to meet, pick up
arriver* à..................... to arrive at
entrer* dans................. to go into
quitter.......................... to leave
sortir* de *irreg* .... to go out of

For meals see page 23
For food and drink see page 54
For pets see page 30
For weekend activities and hobbies see page 32
For expressing opinions see page 39
For colours see page 29
For times see page 92

14

Phrases

Où habites-tu? *Where do you live?*

Qu'est-ce qu'il y a dans ta chambre? *What is there in your bedroom?*

Qu'est-ce qu'il y a dans ton jardin? *What is there in your garden?*

J'habite au rez-de-chaussée *I live on the ground floor*

Mon frère promène le chien *My brother takes the dog for a walk*

Je fais la vaisselle *I do the washing up*

On rend visite à quelqu'un
Being a guest

le correspondant .... penfriend

la correspondante......... penfriend

l'hôte (m) .... host

l'hôtesse (f) .... hostess

l'invité (m) .... guest

l'invitée (f) .... guest

la brosse à dents........... toothbrush

le cadeau..................... present

la couverture............... blanket

le dentifrice .... toothpaste

le savon .... soap

le shampooing .... shampoo

la valise .... suitcase

accueillant .... welcoming

âgé .... aged, elderly

agréable...................... nice

aîné .... elder

anglais .... English

cadet, cadette .... younger, youngest

content........................ pleased

français...................... French

gentil, gentille.............. kind

intéressant .... interesting

sympa (inv) .... nice

timide......................... shy

For nationalities see page 30

Des verbes utiles   Useful verbs

accueillir .... to welcome

arriver* .... to arrive

avoir besoin de *irreg*.... to need

donner un coup de main à to help

emprunter................... to borrow

entrer*....................... to come in

manger † .... to eat

offrir à *irreg* .... to give (present)

oublier........................ to forget

parler anglais............... to speak English

parler français.............. to speak French

partir* *irreg*................ to leave

pouvoir *irreg* .... to be able to

prêter......................... to lend

sortir* *irreg* .... to go out

sourire *irreg* .... to smile

se trouver* .... to be situated

trouver........................ to find

Phrases

J'ai oublié un gant de toilette *I have forgotten a flannel*

Où se trouve la salle de bain, s'il vous plaît? *Where is the bathroom, please?*

Est-ce que je peux téléphoner à mon père, s'il vous plaît? *May I phone my father, please?*

Nous dînons vers huit heures du soir *We have our evening meal at about 8 pm*

LES MÉDIAS

Les généralités   General

le cinéma...................... cinema
la presse....................... press
la radio .... radio
la télévision .... television
le théâtre...................... theatre

Au cinéma   At the cinema

l'action (f) .... plot
l'acteur (m) .... actor
l'actrice (f) .... actress
le film.......................... film
le héros........................ hero
l'héroïne (f) .... heroine
la matinée.................... afternoon performance
le méchant .... baddie
le personnage............... character
la programme .... programme
la séance...................... (film) showing
les sous-titres (m) .... subtitles
le traître...................... villain
la vedette..................... filmstar

Qu'est-ce qu'on passe?
What's on?

le dessin animé .... cartoon
le film d'amour............ love film
le film d'aventures....... adventure film
le film comique .... comedy film
le film d'épouvante...... horror film
le film d'espionnage .... spy film
le film de guerre .... war film
le film policier............. detective film
le film de science-fiction . science fiction film
le film à suspense .... thriller
le western .... Western

La presse   The press

le kiosque à journaux... news stand
le lecteur, la lectrice..... reader

le marchand de journaux ..newsagent
la maison de la presse... ...newsagent

l'article (m).................article
la bande dessinée..........comic strip
l'hebdomadaire (m)......weekly paper, magazine
l'illustré (m)................illustrated magazine
le journal....................newspaper
la lecture ....reading
le magazine..................magazine
le magazine d'aventures ...adventure magazine
le magazine de luxe......glossy magazine
le magazine de presse...news magazine
le magazine féminin.....women's magazine
la météo ....weather report
les mots croisés (m) .....crosswords
la page des sports ....sports page
les petites annonces (f) .small ads
le quotidien ....daily paper
le reportage ....report
la revue de mode..........fashion magazine
les titres (m) ....headlines

A la radio   On the radio
A la télévision   On TV

le chanteur ....singer (male)
la chanteuse..................singer (female)
le comédien..................comedian
la comédienne ....comedienne
le groupe......................group

le bulletin metéo ....weather forecast
la causerie ....a talk show
le documentaire............documentary
l'émission (f) ....broadcast
le feuilleton..................serial, soap
les informations (f).......news
les infos (f)..................news
le jeu concours ....quiz
le magazine d'information
..............................news show

16

le mélo .... "soap"
la météo........................ weather forecast
la pièce de théâtre .... play
le programme de variété .. variety programme
les publicités (f), (pubs) ... adverts
le reportage sportif .... sports broadcast
les rires en boîte (m) .... canned laughter
la série policière .... detective, police
　　　　　　　　　　　series
le téléjournal................ TV news

l'antenne parabolique (f).. satellite dish
le câble à péage .... cable TV
la cassette vidéo........... video cassette
la chaîne .... channel
le magnétoscope .... VCR
la télévision cablée ...... cable TV
la télécommande.......... remote control,
　　　　　　　　　　　zapper

La musique　　　Music

le baladeur................... walkman ®
la chaîne stéréo .... stereo system
le chanteur................... singer (male)
la chanteuse .... singer (female)
le disque compact, le CD . compact disc, CD
le jazz .... jazz
le magnétophone.......... cassette recorder
la musique pop .... pop music
la musique classique .... classical music
la platine laser .... CD player
le rap .... rap
le rock .... rock

Le théâtre　　　The theatre

le ballet........................ ballet
la comédie .... comedy
le drame....................... drama
l'intrigue (f)................. plot
l'opéra (m) .... opera
la pièce de théâtre........ play
la représentation .... performance

les spectateurs (m)........ audience
la tragédie .... tragedy
la troupe de théâtre....... theatre company

Quand l'avez-vous vu/entendu?
When did you see/hear it?

aujourd'hui .... today
avant-hier..................... the day before
　　　　　　　　　　　yesterday
ce matin .... this morning
hier .... yesterday
il y a trois jours .... three days ago
il y un mois .... a month ago
l'après-midi (m) .... (in the) afternoon
la semaine dernière....... last week
le matin........................ (in the) morning
le soir........................... (in the) evening
pendant le weekend...... at the weekend

Où l'avez-vous vu/entendu?
Where did you see/hear it?

au cinéma..................... at the cinema
au club des jeunes .... at the youth club
au concert..................... at a concert
à la radio .... on the radio
à la télévision .... on television
au théâtre .... at the theatre

en cassette .... on cassette, tape
en CD........................... on CD
en vidéo .... on video

C'est comment?　　What is it like?

affreux, affreuse........... awful
agréable .... nice
amusant........................ amusing, funny
bon, bonne .... good
bien.............................. well, good
casse-pieds (inv)........... boring
célèbre .... famous
chouette .... super
classique .... classical
comique .... funny
court............................. short

dernier, dernière .... last, latest
d'habitude .... usually
doublé .... dubbed
drôle .... funny
ennuyeux, ennuyeuse... boring
excellent .... excellent
extra (inv).................... very good, super
extraordinaire .... extraordinary, special
favori, favorite............. favourite
formidable................... super
génial .... super
hebdomadaire .... weekly
impressionant .... impressive
intéressant .... interesting
jeune............................ young
long, longue................. long
(pas) mal .... (not) bad
mauvais .... bad
mensuel, mensuelle...... monthly
moche........................... ugly, horrible, lousy
nul, nulle .... useless
passionnant.................. exciting
pénible......................... unpleasant, painful
pop (inv)...................... pop
préféré......................... favourite
quotidien, quotidienne . daily
ridicule .... ridiculous
sensass (inv) .... sensational
sensationnel................. sensational
sérieux, sérieuse .... serious
sous-titré..................... sub-titled
tragique .... tragic
en version française ..... in the French version
en version originale, en V.O.
.... with the original soundtrack

Des verbes utiles   **Useful verbs**
aimer .... to like
beaucoup aimer .... to like a lot

mieux aimer .... to prefer
ne pas aimer................. not to like, dislike
il s'agit de .... it is about
aller* voir *irreg*........... to go and see
allumer......................... to switch on
s'amuser*..................... to have a good time
apprécier .... to appreciate
avoir horreur de *irreg* ... to hate
chanter .... to sing
choisir.......................... to choose
commencer †............... to begin
comparer...................... to compare
détester .... to hate
durer .... to last
écouter .... to listen (to)
enregistrer................... to record
entendre .... to hear
fermer .... to switch off, shut
finir .... to end
haïr *irreg*.................... to hate
s'intéresser* à .... to be interested in
jouer .... to play
lire *irreg*..................... to read
mépriser....................... to despise
penser .... to think
préférer † .... to prefer
pouvoir *irreg*................ to be able to, can
regarder....................... to watch
rire *irreg* .... to laugh
téléphoner .... to phone
trouver .... to find
voir *irreg*.................... to see
zapper .... to channel-hop

For words to express an opinion see pages 39, 41
For days of the week see page 93
For buying tickets see page 35
For advertising see page 75

Phrases

Si on allait au cinéma? *Shall we go to the cinema?*

Qu'est-ce qu'on passe comme film? *What's on?*

J'aime les films comiques *I like comic films*

J'aime écouter de la musique *I like listening to music*

Je m'intéresse au jazz *I'm interested in jazz*

J'ai une collection de disques compacts *I have a collection of CDs*

Comment l'as-tu trouvé? *What did you think of it?*

J'ai horreur des rires en boîte *I hate canned laughter*

Il est sorti en vidéo? *Is it out on video?*

Où l'as-tu vu? *Where did you see it?*

Où l'as-tu entendu? *Where did you hear it?*

LA SANTÉ ET LA FORME

Les parties du corps
Parts of the body

la bouche .... mouth

le bras.......................... arm

le cerveau .... brain

les cheveux (m) .... hair

la cheville................... ankle

le cœur .... heart

la côte.......................... rib

le cou............................ neck

le coude .... elbow

la cuisse....................... thigh

la dent.......................... tooth

le doigt .... finger

le doigt du pied............ toe

le dos............................ back

l'épaule (f)................... shoulder

l'estomac (m) .... stomach

la figure....................... face

le foie .... liver

le front......................... forehead

le genou....................... knee

la gorge .... throat

la hanche .... hip

la jambe....................... leg

la joue .... cheek

la langue...................... tongue

la lèvre .... lip

la main .... hand

le membre .... limb

le menton .... chin

le muscle .... muscle

le nez........................... nose

la nuque....................... nape of neck

l'œil (m), les yeux .... eye, eyes

l'ongle (m) .... finger nail

l'oreille (f)................... ear

l'orteil (m)................... toe

l'os (m) .... bone

la peau......................... skin

le pied .... foot

le poignet .... wrist

le pouce....................... thumb

la poitrine.................... chest, bust

les poumons (m).......... lungs

les reins (m) .... kidneys

le sang......................... blood

les seins (m) .... breasts

19

la taille	waist
la tête	head
les traits (m)	features
le ventre	stomach, tummy
le visage	face
la voix	voice
les yeux (m)	eyes

Les gens   People

le dentiste	dentist
le docteur	doctor
l'infirmier (m)	nurse
l'infirmière (f)	nurse
le kinésithérapeute	physiotherapist
le médecin	doctor
l'opticien (m)	optician
le patient	patient
le pharmacien	chemist
le psychiatre	psychiatrist
le psychologue	psychologist
le travailleur social	social worker

Les problèmes de santé
Health problems

l'angine (f)	tonsillitis
la diarrhée	diarrhoea
l'enflure (f)	swelling
l'entorse (f)	sprain
la fièvre	fever, high temperature
la grippe	flu
l'indigestion (f)	indigestion
l'insolation (f)	sunstroke
le mal de mer	sea-sickness
le mal de tête	headache
la morsure	bite
les oreillons (m)	mumps
la piqûre (d'insecte)	(insect) sting, bite
les règles (f)	period
le rhume	cold
le rhume des foins	hay fever
la rougeole	measles
la rubéole	German measles

la toux	cough
la varicelle	chicken pox

Chez le médecin et chez le dentiste
At the doctor's and the dentist's

l'ambulance (f)	ambulance
l'assurance (f)	insurance
l'attestation du médecin (f)	doctor's certificate
le cabinet	surgery
la clinique	clinic
la douleur	pain
la fois	time, occasion
les frais (m)	expenses, cost
les lunettes (f)	pair of glasses
la maladie	illness
le médicament	medicine, treatment
l'opération (f)	operation
l'ordonnance (f)	prescription
la piqûre	injection
le plâtre	plaster (broken bones)
le plombage	filling
les premiers soins (m)	first aid
le problème	problem
la radio	X-ray
le remède	remedy
le rendez-vous	appointment
la salle de consultation	surgery

A la pharmacie   At the chemist's

les antibiotiques (m)	antibiotics
l'aspirine (f)	aspirin
le cachet	tablet
le comprimé	tablet
le coton hydrophile	cotton wool
le coup de soleil	sunburn
la crème	cream
la cuillerée	spoonful
le dentifrice	toothpaste
le mouchoir en papier	tissue
le pansement	dressing
la pastille	throat sweet

le savon .... soap
la serviette hygiénique . sanitary towel
le sirop .... (liquid) medicine,
                                          cough mixture
le sparadrap .... plaster, elastoplast®
le suppositoire .... suppository
le tampon hygiénique... tampon
la température.............. temperature
le tube.......................... tube

Des verbes utiles   Useful verbs
aller* voir *irreg* .... to go and see
appeler † .... to call
attendre........................ to wait (for)
avoir chaud *irreg* .... to be hot
avoir de la fièvre *irreg* . to have a raised
                                          temperature
avoir froid *irreg* .... to be cold
avoir mal à l'estomac *irreg*
         .... to have stomach-ache
avoir mal à l'oreille *irreg* . to have earache
avoir mal à la gorge *irreg* to have a sore
                                          throat
avoir mal à la tête *irreg* to have a headache
avoir mal au cœur *irreg* to feel sick
avoir mal au dos *irreg* .. to have backache
avoir mal au ventre *irreg* . to have stomach-
                                          ache
avoir mal aux dents *irreg* . to have toothache
avoir peur *irreg*........... to be afraid
avoir sommeil *irreg* ..... to be sleepy
avoir un rhume *irreg* .... to have a cold
conseiller .... to advise
se coucher*.................. to go to bed
se détendre*................. to relax
devenir* *irreg* .... to become
dormir *irreg* .... to sleep
éternuer .... to sneeze
être admis à l'hôpital *irreg*
         .... to be admitted to hospital
faire ses excuses *irreg* .. to apologise
frissonner.................... to shiver
garder le lit .... to stay in bed

informer .... to inform
s'inquiéter* † .... to be worried
mordre........................ to bite
payer † .... to pay (for)
piquer......................... to sting, to inject
prendre la température *irreg*
         .... to take s.o temperature
prendre rendez-vous *irreg*
         .... to make an appointment
remplir .... to fill
saigner........................ to bleed
se sentir* bien *irreg* ..... to feel well
se sentir* mal *irreg* ...... to feel ill
tomber*...................... to fall
tomber* de fatigue....... to be exhausted
tousser....................... to cough
transpirer................... to sweat
tuer .... to kill
vomir .... to vomit

Vivre sainement   A Healthy lifestyle
l'aérobic (m) .... aerobics
l'agriculture biologique (f)
         .... organic farming
l'alcool (m) .... alcohol
les aliments naturels (m).. organic foods
les amphétamines (f) ... amphetamines
l'anorexie (f) .... anorexia
la boulimie .... bulimia
la drogue .... drug
le drogué, la droguée ... drug addict
l'engrais chimique (m) chemical fertiliser
l'entrainement quotidien (m)
         .... daily work-out
la forme..................... fitness
les fruits (m)............... fruit
le fumeur................... smoker
la graisse .... fat
l'héroïne (f)............... heroin
l'hypertension (f)........ high blood pressure
les insecticides (m) ...... insecticide
l'ivrognerie (f)............ drunkenness (habitual)
les légumes (m) .... vegetables

la matière grasse .... fat content
les matières grasses (f). fats
la nourriture .... food
les produits laitiers (m) dairy products
la restauration rapide ... fast food industry
le renifleur de colle ...... glue sniffer
le SIDA .... Aids
le sommeil .... sleep
le stress .... stress
les sucreries (f) .... sweet things
la surdose .... overdose
le tabac .... tobacco
le toxico .... junkie
les vitamines (f) .... vitamins

Qu'est-ce qui ne va pas?
What's the matter?

allergique à .... allergic to
anorexique .... anorexic
asthmatique .... asthmatic
bon, bonne pour la santé ..healthy
certain .... certain, sure
chaud .... hot
désolé .... very sorry
diabétique .... diabetic
en bonne santé .... in good health
enflé .... swollen
en mauvaise santé .... in poor health
enrhumé .... having a cold
faible .... weak
fatigué .... tired
froid .... cold
gras, grasse .... fat, fatty
handicapé .... handicapped
ivre .... drunk
malade ill
mouillé .... wet
propre .... clean
sain .... healthy
sale .... dirty
souffrant .... unwell
sûr .... certain

surprenant .... surprising
urgent .... urgent
vrai .... true
végétalien, végétalienne ...vegan
végétarien, végétarienne ...vegetarian

Des verbes utiles　　　**Useful verbs**

se droguer* .... to take drugs
s'entraîner* .... to train
essayer une drogue † ... to try drugs
être en pleine forme *irreg* .to be very fit
éviter .... to avoid
faire attention *irreg* ..... to pay attention
fumer .... to smoke
grossir .... to put on weight
se laver* .... to wash
se lever* † .... to get up
maigrir .... to lose weight
manger † .... to eat
se mettre au régime* *irreg*
.... to go on a diet
se mettre en colère* *irreg*
.... to get angry
protester .... to protest
ralentir .... to slow down
regarder .... to watch, look at
se reposer* .... to rest
respecter .... to have respect for

C'est grave?　　　## Is it serious?

blessé .... injured
commotionné .... in shock
désolé .... sorry
épuisé .... exhausted
faux, fausse .... false, wrong
grave .... serious
grièvement blessé .... seriously injured
inquiet, inquiète .... anxious
lentement .... slowly
mort .... dead
sans connaissance .... unconscious

Des verbes utiles   Useful verbs

aider .... to help
s'arrêter* .... to stop
se blesser* .... to get injured
brûler .... to burn
se brûler la main* .... to burn one's hand
se casser le bras* .... to break one's arm
cesser (de) .... to stop
se couper* le doigt .... to cut one's finger
courir *irreg* .... to run
crier .... to shout
déclarer .... to declare

dépasser .... to overtake
se dépêcher* .... to hurry
se faire* mal *irreg* ...... to hurt oneself
se fouler* la cheville ... to sprain one's ankle
pleurer .... to cry (weep)
poser .... to put down, place
tomber* .... to fall
tuer .... to kill

For sport etc see page 34
For food and drink see pages 54, 23

Phrases

Qu'est-ce qui ne va pas? *What is the matter?*

Je me suis cassé la jambe *I've broken my leg*

J'ai de la fièvre *I've got a high temperature*

Un moustique l'a piqué *A mosquito has stung him*

J'ai chaud/froid *I'm hot/cold*

Je suis malade/Je souffre *I feel unwell*

J'ai mal au cœur *I feel sick*

Avez-vous quelque chose contre la toux? *Have you anything for a cough?*

ON MANGE, ON BOIT

Les repas   Meals

le casse-croûte .... snack
le déjeuner .... lunch, midday meal
le dîner .... dinner, evening meal
le goûter .... afternoon tea, snack
la nourriture .... food
le petit déjeuner .... breakfast
le pique-nique .... picnic
les plats à emporter (m) ... take-away meals

Où allez-vous manger?
Where are you going to eat?

le bar .... bar

le bistro .... bistro
le café .... café
la pizzeria .... pizzeria
le restaurant .... restaurant
le restaurant rapide ...... fast food restaurant
le self .... self-service restaurant

Au restaurant   In a restaurant

Les gens   People

le caissier, la caissière .. till operator
le chef .... chef
le client, la cliente .... customer
le garçon .... waiter
le patron, la patronne ... owner

la personne .... person
le serveur, la serveuse .. waiter, waitress

Les généralités   **General**
l'addition (f) .... bill
la chaise...................... chair
le choix....................... choice
le couvert.................... cover charge
la cuisine chinoise .... Chinese food
la cuisine française ...... French food
la cuisine indienne....... Indian food
le goût .... taste
le menu....................... set price menu
le menu du jour .... menu of the day
l'odeur (f)................... smell
le parfum.................... flavour
le plateau .... tray
le pourboire .... tip (money)
la recette..................... receipt, recipe
le service .... service charge
la spécialité (du pays) .. (local) speciality
la table........................ table
le téléphone .... telephone
les toilettes (f)............. toilets

à l'intérieur................. inside
(non-) compris............. (not) included
sur la terrasse.............. outside, on the terrace

La carte   **Menu**
le hors d'œuvre........... starter
l'entrée (f) .... entrée
le plat du jour .... the day's "special"
le plat principal........... main course
les poissons (m).......... fish
les fromages (m)......... cheese
le dessert .... dessert

Les hors d'œuvre   **Starters**
l'assiette anglaise (f).... mixed cold meats
le consommé .... consommé
les crudités (f)............. chopped raw vegetables
le pâté........................ pâté
le potage..................... soup

la salade de tomates..... tomato salad
le saucisson .... salami sausage
la soupe (à l'oignon).... (onion) soup
la terrine du chef .... chef's special pâté

Le plat principal   **Main course**
le canard à l'orange..... duck in orange sauce
le cassoulet................. cassoulet, casserole
la côtelette de porc ...... pork chop
le coq au vin................ chicken in red wine
l'escalope de veau (f) .. veal escalope
la galette..................... savoury pancake
les omelettes (f) au choix....choice of omelettes
la pizza....................... pizza
le ragoût..................... casserole, stew
le steak frites .... steak and chips

Le dessert   **Dessert**
la crème caramel .... creme caramel
la crème chantilly .... whipped cream
la crêpe....................... pancake
le fromage (de chèvre). (goat's) cheese
le gâteau..................... gâteau
la glace (maison) .... (home made) ice cream
la glace au chocolat ..... chocolate ice cream
la glace à la vanille...... vanilla ice cream
la mousse au chocolat.. chocolate mousse
la pâtisserie .... cake, pastry
la tarte aux pommes .... apple tart
le yaourt .... yoghurt

Sur la table   **On the table**
l'assiette (f) .... plate
le bol.......................... bowl
la bouteille .... bottle
la cafetière.................. coffee pot
la carafe .... carafe (water, wine)
le couteau................... knife
la cruche..................... jug
la (petite) cuillère .... (tea) spoon
la fourchette .... fork
la moutarde .... mustard
la nappe...................... tablecloth

le poivre .... pepper (spice)
le sel .... salt
la serviette .... serviette
la soucoupe.................. saucer
la tasse......................... cup
le verre .... glass

Au café   At the café

Les boissons   Drinks

l'apéritif (m)................ pre-meal drink, aperitif
la bière .... beer
le cacolac®.................. chocolate milk
le café........................... coffee (black)
le café-filtre................. filter coffee
le café-crème .... white coffee
le chocolat chaud .... hot chocolate
le cidre .... cider
le citron pressé............ fresh lemon juice
le coca-cola®............... coca cola®
l'eau minérale (gazeuse) (f)
.... (sparkling) mineral water
le glaçon...................... ice cube
le jus de fruit .... fruit juice
la limonade.................. lemonade
l'orangina® (m)........... orangina®
le thé .... tea
le vin rouge .... red wine
le vin blanc.................. white wine

Un casse-croûte   A snack

le beignet..................... doughnut
la brioche..................... sweet bun, pastry
les chips (m) .... crisps
le cône (de frites)......... cone (of chips)
la crêpe........................ pancake
le croque-monsieur ...... toasted sandwich
le croque-madame .... toasted sandwich
les frites (f) .... chips
la gaufre .... waffle
la glace .... ice cream
le hamburger .... hamburger
le sandwich au fromage ... cheese sandwich
le sandwich au jambon. ... ham sandwich

Exclamations   Exclamations

à votre santé! .... Cheers!
bon appétit! .... Enjoy your meal!
ça suffit!...................... That is enough!
merci!.......................... (no) thank you!
s'il vous plaît.............. please

Des verbes utiles   Useful verbs

adorer.......................... to love
aimer........................... to like
apporter....................... to bring
avoir faim/soif *irreg* .... to be hungry/thirsty
avoir envie de *irreg* ..... to want to
boire *irreg* .... to drink
choisir .... to choose
commander.................. to order
coûter .... to cost
désirer .... to want
détester....................... to hate
déjeuner .... to have lunch
dîner............................ to have evening meal
essayer †...................... to try
manger † .... to eat
offrir *irreg* .... to offer
passer (*)..................... to pass
se plaindre* *irreg* .... to complain
plaire *irreg* .... to please
préférer †..................... to prefer
prendre *irreg* .... to take
prendre le petit déjeuner *irreg*
.... to have breakfast
recommander.............. to recommend
réserver .... to reserve
servir *irreg* .... to serve
vouloir *irreg* .... to wish, want

For festivals see page 44
For recipe words see page 56
For national and special foods see page 81
For lists of fruit, vegetables, fish, meat and
general foodstuffs see page 54
For money and prices see pages 77, 57
For weights and measures see page 57

Phrases

J'ai faim *I'm hungry*

J'ai soif *I'm thirsty*

Avez-vous une table pour deux personnes? *Have you a table for two?*

J'ai reservé une table au nom de Smith *I've booked a table in the name of Smith*

La carte, s'il vous plaît *May I have the menu, please?*

Pouvez-vous m'expliquer ce que c'est le ragoût? *Please can you explain what "ragoût" is?*

Je voudrais commander *I would like to order*

Je prends le menu à cent francs *I'll have the hundred franc menu*

Comme hors d'œuvre, je prendrai la soupe à l'oignon *For starter, I'll have onion soup*

Comme plat principal, je prendrai le poulet *For main course I'll have chicken*

Comme dessert je prendrai la mousse au chocolat *For dessert, I'll have chocolate mousse*

Je n'aime pas les haricots verts *I don't like beans*

Encore du pain, s'il vous plaît *May we have more bread, please?*

Voulez-vous changer ce verre, s'il vous plaît *Will you change this glass, please?*

Il manque une fourchette *We need another fork*

L'addition, s'il vous plaît *May I have the bill, please?*

Le service est compris? *Is service included?*

Où se trouvent les toilettes, s'il vous plaît? *Where is the toilet, please?*

On peut téléphoner d'ici? *May we phone from here?*

MA FAMILLE, MES AMIS, MOI-MÊME

Les généralités   General

L'adresse   Address

l'adresse (f) .... address
le code postal .... postcode
le domicile .... place of residence
le numéro de téléphone ... phone number
le numéro de télécopie. ... fax number
la rue .... street
la ville .... town

L'identité   Identity

la carte d'identité .... identity card
la date de naissance ...... date of birth
le lieu de naissance ...... place of birth
Monsieur .... Mr
Madame .... Mrs, Ms
Mademoiselle .... Miss
le nom .... name
le nom de famille .... surname
le nom de jeune fille .... maiden name
le passeport .... passport
la pièce d'identité .... proof of identity
le prénom .... first name
le surnom .... nickname
la taille .... height, size

L'âge   Age

l'an (m), l'année (f) ..... year
l'anniversaire (m) .... birthday
la date .... date
le mois .... month
la naissance .... birth
la signature .... signature
la vie .... life
la vieillesse .... old age

For days of week see page 93
For months of year see page 93
For numbers see page 91

La famille et les amis
Family and friends

La famille nucléaire   Nuclear family

le beau-fils .... stepson
le beau-frère .... brother-in-law
le beau-père .... stepfather,
                              father-in-law
la belle-fille .... stepdaughter,
                              daughter-in-law
la belle-mère .... stepmother,
                              mother-in-law
la belle-sœur .... sister-in-law
le demi-frère .... half brother
la demi-sœur .... half sister
la femme .... wife
la fille .... daughter
le fils .... son
le frère .... brother
la maman .... mummy
le mari .... husband
la mère .... mother
le papa .... daddy
les parents (m) .... parents
le père .... father
la sœur .... sister

Les parents   Relatives

le cousin, la cousine .... cousin
le gendre .... son-in-law
la grand-mère .... grandmother
les grands-parents (m) . grandparents
le grand-père .... grandfather
la mamie .... granny, grandma
le neveu .... nephew
la nièce .... niece
l'oncle (m) .... uncle
le papi .... grandad
le petit-fils .... grandson
la petite-fille .... granddaughter
les petits-enfants .... grandchildren
la tante .... aunt

l'ami (m), l'amie (f) .... friend
le, la camarade............. friend
le copain...................... friend (boy)
la copine...................... friend (girl)
le correspondant .... penfriend
la correspondante......... penfriend
le fiancé, la fiancée...... fiancé, fiancée
le petit ami .... boyfriend
la petite amie .... girlfriend
le voisin, la voisine...... neighbour
l'adolescent (m), l'adolescente (f)
.... teenager
l'adulte (m, f) .... adult
le bébé........................ baby
la dame........................ lady
l'enfant (m, f) .... child
la femme .... woman
la fille........................... girl
le garçon...................... boy
les gens (m) .... people
l'homme (m) .... man
le monsieur.................. gentleman

les aînés(m) .... the older generation
le, la célibataire .... single man, woman
le divorcé..................... divorced man
la divorcée................... divorced woman
l'étranger (m), l'étrangère (f)
.... foreigner, stranger
la jeune génération....... the younger generation
les jeunes mariés (m) ... newly-weds
les jumeaux (m).......... twins (boys, mixed)
les jumelles (f)............. twins (girls)
les gens du troisième âge (m)
.... senior citizens
le veuf .... widower
la veuve...................... widow

Des adjectifs   Adjectives
adoptif, adoptive.......... adopted
âgé .... aged, elderly, old
aîné .... elder
cadet, cadette.............. younger, youngest

célibataire................... single
divorcé........................ divorced
familial........................ of the family
fiancé .... engaged
marié.......................... married
orphelin...................... orphaned
séparé......................... separated
veuf, veuve.................. widowed

anglican...................... anglican
athée .... atheist
catholique................... Catholic
chrétien, chrétienne ..... Christian
hindou........................ Hindu
juif, juive.................... Jewish
musulman................... Muslim
protestant .... Protestant
sans religion .... of no religion
sikh .... Sikh

Comment est-il/elle?   Appearance
la barbe .... beard
la frange .... fringe
les lunettes (f)............. pair of glasses
la moustache .... moustache
la natte .... plait
le poids....................... weight
la queue de cheval .... ponytail
le teint........................ complexion

For parts of body see page 19

Des adjectifs   Adjectives
beau, bel, belle .... handsome, beautiful
blond.......................... blonde
bouclé .... curly (wavy)
bronzé .... tanned
costaud....................... stocky, sturdy
court........................... short
de race blanche............ white
de race noire................ black
de taille moyenne .... of average height
fort .... strong

frisé	curly (frizzy)
grand	big, tall
gros, grosse	big, fat
jeune	young
joli	pretty
laid	ugly
long, longue	long
maigre	thin
mince	slim
pâle	pale
petit	small
raide	straight (hair)
roux, rousse	red (hair)
trapu	stocky
vieux, vieil, vieille	old

Je mesure — I am ... tall

Je mesure 1m 45	I am 4ft 9in
Je mesure 1m 52	I am 5 ft
Je mesure 1m 60	I am 5ft 3in
Je mesure 1m 68	I am 5ft 6in
Je mesure 1m 75	I am 5ft 9in
Je mesure 1m 83	I am 6ft

Je pèse — I weigh

Je pèse 38 kilos	I weigh 6 stone
Je pèse 45 kilos	I weigh 7 stone
Je pèse 51 kilos	I weigh 8 stone
Je pèse 57 kilos	I weigh 9 stone
Je pèse 64 kilos	I weigh 10 stone
Je pèse 70 kilos	I weigh 11 stone

Les couleurs — Colours

blanc, blanche	white
bleu	blue
bleu clair (inv)	light blue
bleu foncé (inv)	dark blue
bleu marine (inv)	navy blue
brun	brown
châtain (inv)	light brown, chestnut
gris	grey
grisonnant	greying
jaune	yellow
marron (inv)	chestnut, maroon

mauve	mauve
noir	black
orange	orange
pourpre	crimson, purple
rose	pink
vert	green
violet, violette	purple

Le caractère — Character

l'amitié (f)	friendship
l'amour (m)	love
l'arrogance (f)	arrogance
la blague	joke
la bonté	kindness, goodness
le charme	charm
la confiance	confidence
la douceur	gentleness
l'égoïsme (m)	selfishness
l'espoir (m)	hope
la fierté	pride
la générosité	generosity
la gentillesse	kindness
l'imagination(f)	imagination
l'intelligence (f)	intelligence
la jalousie	jealousy
la paresse	laziness
le sens de l'humour	sense of humour
le sentiment	feeling
le souci	care, worry

Des adjectifs — Adjectives

actif, active	active
agréable	pleasant
aimable	friendly
amusant	amusing
calme	calm
content	pleased, happy
fâché	angry
formidable	great
furieux, furieuse	angry, furious
gentil, gentille	kind
heureux, heureuse	happy
important	important

intelligent .... intelligent
malheureux, malheureuse
.... unhappy, unfortunate
méchant....................... naughty; nasty
pauvre .... poor
poli .... polite
sérieux, sérieuse .... serious
sportif, sportive .... sporty, athletic
sympathique .... nice
timide........................ shy
tranquille.................... quiet

bête .... stupid
bizarre .... odd
charmant..................... charming
en colère..................... angry
désagréable................. unpleasant
drôle.......................... funny
étrange....................... strange
fier, fière .... proud
fou, fol, folle .... mad
gâté .... spoiled
habile .... clever, skilful
honnête....................... honest
impoli......................... impolite
inquiet, inquiète.......... anxious
jaloux, jalouse .... jealous
joyeux, joyeuse........... happy, cheerful
nerveux, nerveuse........ nervous
paresseux, paresseuse .. lazy
travailleur, travailleuse ... hard-working
triste .... sad

amoureux, amoureuse (de)..in love (with)
déçu........................... disappointed
dégoûtant.................... disgusting
déprimé .... depressed
distrait .... absent-minded
doué .... gifted
économe..................... thrifty, careful with
money
effrayé........................ frightened
égoïste........................ selfish

étourdi........................ scatter-brained
fainéant .... idle, lazy
insupportable.............. unbearable
maladroit.................... clumsy
marrant....................... funny
maussade.................... sullen
mignon, mignonne ...... cute
rusé .... wily, cunning
sage........................... well-behaved
têtu .... obstinate

La nationalité   Nationality

anglais........................ English
antillais .... West Indian
britannique .... British
écossais .... Scottish
européen, européenne.. European
gallois .... Welsh
indien, indienne.......... Indian
irlandais .... Irish
pakistanais.................. Pakistani

For other nationalities see page 89

Les animaux domestiques   Pets

l'animal (m) .... animal
le chat .... cat
le chaton..................... kitten
le cheval..................... horse
le chien....................... dog
le chiot .... puppy
le cobaye .... guinea pig
le cochon d'Inde.......... guinea pig
la gerbille .... gerbil
le hamster................... hamster
le lapin .... rabbit
l'oiseau (m) .... bird
le perroquet .... parrot
la perruche .... budgerigar
le poisson-rouge .... goldfish
la souris...................... mouse
la tortue...................... tortoise

Comment est-il?   **What it it like?**

espiègle .... playful (puppy, kitten)
grand .... big
petit .... small
jeune .... young
obéissant...................... obedient
ombrageux, ombrageuse .. skittish (horse)
vieux, vieil, vieille .... old

For colours see page 29

Des verbes utiles   **Useful verbs**

aimer .... to like, love
appeler †...................... to call
s'appeler* † .... to be called
avoir l'air *irreg* .... to seem
avoir peur *irreg*........... to be afraid
bavarder .... to chatter
décrire *irreg*................ to describe
écrire *irreg*.................. to write
embrasser .... to kiss
épeler †........................ to spell
épouser .... to marry
être *irreg*..................... to be

être de bonne humeur *irreg*
.... to be in a good mood
être de mauvaise humeur *irreg*
.... to be in a bad mood
faire la bise (à) *irreg*.... to kiss
faire la connaissance de *irreg*
.... to get to know s.o.
habiter (à).................... to live (at)
naître* *irreg* .... to be born
nommer...................... to name
paraître *irreg* .... to appear
peser †........................ to weigh
porter .... to wear
reconnaître *irreg*......... to recognise
remercier.................... to thank
ressembler à .... to look like
sembler...................... to seem
signer .... to sign
trouver....................... to find

For festivals and celebrations see page 44
For jobs see page 71
For pocket money see page 37
For Saturday jobs see page 32
For hobbies and interests see page 32

Phrases

Je m'appelle David. J'ai seize ans. J'habite Londres *My name is David. I am 16. I live in London*

Mon anniversaire est le dix-neuf mai *My birthday is May 19th*

Je suis né(e) en dix-neuf cent quatre-vingt-deux *I was born in 1982*

Je viens d'Edimbourg *I come from Edinburgh*

Je suis né(e) à York *I was born in York*

Je suis anglais(e)/écossais(e)/gallois(e)/irlandais(e) *I am English/Scottish/Welsh/Irish*

J'ai les cheveux noirs et les yeux bruns *I have black hair and brown eyes*

Il a une barbe grise *He has a grey beard*

J'ai un frère et deux sœurs *I have one brother and two sisters*

David est plus âgé que Sue *David is older than Sue*

Mon père est maçon, ma mère est infirmière *My father is a builder, my mother is a nurse*

Mes parents sont divorcés *My parents are divorced*

Je m'entends bien avec mon frère *I get on well with my brother*

Ma sœur est très sportive *My sister is very keen on sport*

J'ai un chien; il est grand et brun *I have a dog; he is big and brown*

LES LOISIRS ET LE WEEKEND

Les généralités   General

l'abonnement (m) .... subscription, season ticket

l'ambiance (f) .... atmosphere

le concours .... competition

la distraction .... entertainment

les loisirs (m) .... free time

le passe-temps .... pastime

la soirée .... evening, party

le spectacle .... entertainment

le temps libre .... free time

les vacances (f) .... holidays

le weekend .... weekend

Les gens   People

l'acteur (m), ... (film, TV) actor

l'actrice (f) .... (film, TV actress)

l'arbitre (m) .... referee

l'ado (m, f) .... teenager

le champion .... champion

la championne .... champion

le chanteur, la chanteuse .. singer

le comédien .... actor (theatre)

la comédienne .... actress (theatre)

l'équipe (f) .... team

la jeunesse .... youth, young people

le joueur .... player

le membre .... member

la vedette .... film star

Les petits boulots du samedi   Saturday jobs

l'après-midi (m) .... afternoon

le baby-sitting .... baby sitting

le caissier, la caissière .. till operator

le club de tennis/football .. tennis/football club

le marché .... market

le matin .... morning

le soir .... evening

la station-service .... filling station

le supermarché .... supermarket

le travail .... work

le vendeur, la vendeuse ....sales assistant

Des verbes utiles   Useful verbs

gagner de l'argent .... to earn money

livrer .... to deliver

nettoyer † .... to clean

travailler .... to work

vendre .... to sell

On donne un coup de main   Helping at home

balayer † .... to sweep

débarrasser la table ...... to clear the table

donner à manger au chat ...to feed the cat

épousseter † .... to dust

faire mon lit *irreg* .... to make my bed

faire des courses *irreg* . to do the shopping

faire du baby-sitting *irreg* .to baby sit

faire du jardinage *irreg* to work in the garden

faire du ménage *irreg* .. to do housework

faire du repassage *irreg* to iron

faire la vaisselle *irreg* .. to wash up

jardiner .... to garden

laver la voiture .... to wash the car

mettre la table *irreg* ..... to set the table

nettoyer † .... to clean

promener le chien † ..... to walk the dog

ranger ma chambre † ... to tidy my room

tondre la pelouse .... to mow the lawn

On reste à la maison   Staying at home

Que faites-vous?   What do you do?

l'appareil photo (m) .... camera

les cartes (f) .... cards

la collection .... collection

la couture .... sewing

la cuisine .... cooking

le dessin .... drawing

les échecs (m)	chess
le jeu de dames	draughts
le jeu de société	board game
la lecture	reading
le magazine	magazine
le modélisme	model-making
les mots croisés (m)	crosswords
la musique	music
la peinture	painting
la pellicule	film (photography)
la photographie	photography
le poster	poster
la revue	magazine
le roman	novel
le roman policier	detective story
le roman de science-fiction	sci-fi story
le timbre	stamp

L'informatique   IT

la base de données	data-base
le bloc de commande	joy-pad
le bouton de mise à feu	fire button
le catalogue	disk manager
le cédérom	CD ROM
le clavier	keyboard
le crayon lumineux	light pen
le disque dur	hard disk
la disquette	disk
l'écran (m)	screen
l'imprimante (f)	printer
le jeu électronique	computer game
le jeu vidéo	video game
le lecteur de disquettes	disk drive
la manette de jeux	joystick
le menu	menu
le moniteur	monitor
la musique électronique	computer music
l'octet (m)	byte
l'ordinateur (m)	computer
la puce	chip
la souris	mouse
le traitement de texte	word processing

la vie/les vies	life/lives
charger †	to load
éditer	to edit
formater	to format
imprimer	to print
ouvrir *irreg*	to open
sauver	to save

La musique   Music

le baladeur	personal stereo
la batterie	drum kit
la cassette	cassette
la chanson	song
la chorale	choir
la clarinette	clarinet
le clavier (électronique)	keyboard
le disque compact	compact disc
le CD	CD
la flûte	flute
la flûte à bec	recorder
le groupe	group
la guitare	guitar
l'instrument (m)	instrument
l'orchestre (m)	orchestra, band
le piano	piano
le trombone	trombone
la trompette	trumpet
le tube	hit
le violon	violin

Où allez-vous?   Where do you go?

le bal	ball, dance
la boîte	disco, night club
la boum	party (celebration)
le bowling	bowling alley
le centre sportif	sports centre
le cinéma	cinema
le cirque	circus
le club	club
le club des jeunes	youth club
le concert	concert
la conférence	lecture

33

la discothèque.............. disco
l'excursion (f).............. outing
l'exposition (f)............. exhibition
la galerie...................... gallery
la maison des jeunes .... youth club
la patinoire .... ice rink
la piscine .... swimming pool
la réunion .... meeting
la salle .... room, hall
la société .... society
la soirée....................... evening, party
le stade .... stadium
le terrain de sport......... sports ground
le théâtre..................... theatre
la visite guidée............. guided tour
le zoo........................... zoo

Les sports   Sport

Les généralités   General
le but .... goal
le champion, la championne
.... champion
le championnat .... championship, contest
le concours .... competition
l'équipe (f) .... team
le jeu .... game
le joueur .... player
le match....................... match
le match nul................. draw
le tournoi .... tournament

Quel sport aimez-vous?
Which sport do you like?
l'athlétisme (m) .... athletics
les arts martiaux (m).... martial arts
le basket .... basketball
la boxe......................... boxing
le bowling .... bowling
le cricket...................... cricket
le cyclisme .... cycling
le delta-plane............... hang gliding
l'équitation (f) .... horse riding
les fléchettes (f) .... darts

le foot/football............. football
le golf.......................... golf
la gymnastique .... gymnastics
le handball................... handball
le hockey..................... hockey
le jogging .... jogging
le judo .... judo
la natation .... swimming
le netball .... netball
le patinage................... ice skating
le patinage à roulettes.. roller skating
la pêche....................... fishing
le ping-pong .... table tennis
la planche à voile......... sail boarding
le rugby....................... rugby
le saut en hauteur........ high jump
le saut en longueur ...... long jump
le ski .... ski-ing
le snooker.................... snooker
les sports d'hiver (m) .. ....winter sports
les sports nautiques (m) ....water sports
le tennis....................... tennis
la voile .... sailing
le volley .... volleyball

Le matériel sportif   Sports equipment
la balle .... ball (small)
le ballon .... football
les baskets (m)............. trainers
la batte .... cricket bat
la bombe .... riding hat
la canne à pêche .... fishing rod
les chaussures de sport (f)...trainers
la crosse de hockey...... hockey stick
le maillot de bain........ swimsuit
la planche de surf .... surfboard
la planche à voile......... sailboard
la raquette .... tennis racquet
les skis (m)................. skis
le vélo tout terrain, le VTT....mountain bike

C'était comment?   What was it like?
affreux, affreuse .... awful

agréable .... pleasant, nice
amusant .... amusing, fun
autre .... other
bon, bonne .... good
bruyant .... noisy
chouette .... super
comique .... funny
drôle .... funny
ennuyeux, ennuyeuse... boring
formidable .... great, super
génial .... great, brilliant
impressionnant .... impressive
interdit .... not allowed
merveilleux, merveilleuse
.... marvellous
moche .... ugly, horrible
nul, nulle .... useless
pas mal .... not bad
passionnant .... exciting
sportif, sportive .... sporty, keen on sport

On achète des billets   Buying tickets
l'adulte (m, f) .... adult
le billet .... ticket
l'enfant (m, f) .... child
l'entrée (f) .... entrance (cost)
l'étudiant (m), l'étudiante (f)
.... student
le groupe .... group
la place .... seat
le prix .... cost, price
la réduction pour enfants
.... reduction for children
le tarif .... cost
le tarif réduit .... reduced rate
le tarif étudiant .... student rate
le terrain .... ground, pitch

Les heures d'ouverture   Opening times
l'après-midi (m) .... afternoon
la demi-heure .... half an hour
l'heure (f) .... an hour, one o'clock
le jour férié .... bank holiday

le matin .... morning
le soir .... evening

fermé .... closed
ouvert .... open
à partir de .... from
jusqu'à .... until

On va en ville   Going into town
en autobus .... by bus
à bicyclette .... on a bicycle
en métro .... on the tube, underground
à pied .... on foot
en taxi .... by taxi
en train .... by train
en tramway .... by tram
à vélo .... on a bike
en voiture .... by car

l'aller-retour (m) .... return ticket
l'arrêt d'autobus (m) ... bus stop
le billet simple .... single ticket
le bureau de renseignements
.... information office
la correspondance .... connection
le distributeur de billets ... ticket machine
la gare .... station
la gare routière .... coach station
le guichet.,................... ticket office
les heures de pointe (f) rush hour
l'horaire (m) .... timetable
la ligne .... bus route
la station de métro .... tube station

Des adjectifs   Adjectives
dernier, dernière .... last
deuxième .... second
direct .... direct, through
obligatoire .... compulsory
premier, première .... first
prochain .... next
valable .... valid

Quand?   When?

dans dix minutes.......... in ten minutes

dans un quart d'heure .. in a quarter of an hour

dans une demi-heure.... in half an hour

dans trois quarts d'heure.. in three quarters of an hour

dans une heure............. in an hour

d'habitude .... usually

généralement .... usually

longtemps.................... for a long time

normalement................ normally, usually

pendant le weekend ..... during the weekend

toujours .... still, always

For days of the weeks see page 93

Des verbes utiles   Useful verbs

acheter †...................... to buy

aller* *irreg* .... to go

beaucoup aimer .... to like a lot

se baigner* .... to swim

collectionner............... to collect

commencer † .... to begin

coûter .... to cost

danser.......................... to dance

durer............................ to last

écouter......................... to listen (to)

être *irreg* .... to be

faire de la natation *irreg* .. to swim

faire une promenade *irreg* to go for a walk

fermer.......................... to close

finir .... to finish

lire *irreg* .... to read

nager † .... to swim

ouvrir *irreg*................. to open

partir* *irreg* .... to leave

payer † .... to pay (for)

rentrer*........................ to come back, go back

rester* .... to stay

sortir* *irreg* .... to go out

trouver......................... to find

aller* en ville *irreg* ...... to go to town

aller* voir *irreg* .... to go and see

courir *irreg* .... to run

faire du cyclisme *irreg* to cycle

faire du lèche-vitrines *irreg*
.... to go window shopping

faire du vélo *irreg* .... to cycle

faire les magasins *irreg* ....to go round the shops

faire une partie de tennis *irreg*
.... to play a game of tennis

faire une promenade à vélo *irreg*
.... to go cycling

faire une randonnée *irreg*
.... to hike, go for a long walk

gagner .... to win

jouer aux boules .... to play boules

jouer aux cartes .... to play cards

pratiquer un sport .... to do a sport

prendre des photos *irreg* ...to take photos

quitter la maison.......... to leave the house

regarder....................... to watch

réserver une place........ to book a seat

retourner*................... to return, go back

s'arrêter*..................... to stop

s'intéresser* à............. to be interested in

se trouver* .... to be (situated)

aller* à la pêche *irreg* .. to go fishing

bricoler....................... to do DIY, tinker

chanter dans la chorale to sing in the choir

composter le billet....... to date stamp ticket

défendre .... to defend

dessiner .... to draw

faire de l'équitation *irreg*..to go horse riding

faire de la peinture *irreg* ...to paint

faire de la planche à voile *irreg*
.... to windsurf

faire de la voile *irreg* ... to go sailing

faire des modèles réduits *irreg*
.... to make models

faire du bricolage *irreg* to do odd jobs/DIY

faire du patin *irreg* ...... to skate

faire du patin à roulettes *irreg*
.... to roller-skate
faire du ski *irreg* .... to ski
faire la queue *irreg* ...... to queue
jouer de la batterie .... to play the drums
jouer de la clarinette .... to play the clarinet
jouer de la flûte............ to play the flute
jouer de la guitare........ to play the guitar
jouer du piano.............. to play the piano
jouer du violon .... to play the violin
jouer du violoncelle ..... to play the cello
marquer un but .... to score a goal
perdre......................... to lose
se détendre*................. to relax

se reposer* .... to rest
tourner un film .... to make a film
valider......................... to stamp, validate
visiter un château......... to look round a stately
                                    home/castle

aller* à la messe *irreg*.. to go to mass
aller* à la mosquée *irreg* . to go to the mosque
aller* à la synagogue *irreg* to go to synagogue

For seaside holidays see page 81
For winter sports see page 81
For outings see page 82
For special occasions and festivals see page 44

Phrases

Je joue au football *I play football*

Je joue du violon *I play the violin*

J'aime aller à la pêche *I like going fishing*

On a gagné le match de football *We won the football match*

Je m'intéresse à la musique *I am interested in music*

J'ai horreur des feuilletons *I hate soaps*

Ma lecture préférée, c'est la science-fiction *My favourite kind of book is science fiction*

L'ARGENT DE POCHE

Les généralités   General

le billet de banque........ bank note
la livre sterling............. pound
la monnaie................... change
la pièce d'argent .... coin

beaucoup .... a lot
cher, chère.................. expensive
pauvre .... poor, badly off
riche .... rich

par semaine .... each week
par mois .... per month

On dépense de l'argent
                    Spending money

les baskets (m)............. trainers
le baladeur.................. personal stereo
le billet...................... ticket
la cassette .... cassette
les chaussures (f) .... shoes
la cigarette.................. cigarette

le CD............................ CD
le jeu vidéo................... video-game
la revue........................ magazine
les vêtements (m) .... clothes

On fait des économies
Saving money

le cadeau .... present
l'ordinateur (m) .... computer
les vacances (f) .... holidays
le VTT........................ mountain bike

Des verbes utiles   **Useful verbs**
acheter †...................... to buy
avoir besoin de *irreg*.... to need

chercher du travail payé ...to look for a job
coûter........................... to cost
dépenser....................... to spend
dépenser trop d'argent. to spend too much
money
emprunter.................... to borrow
être à découvert *irreg* .. to be in the red
être sans le sou *irreg*.... to be broke
faire des économies *irreg* .to save
manquer d'argent .... to be short of money

For other money words see page 77

Phrases

Je gagne ... francs de l'heure *I earn ... francs an hour*

Je travaille le samedi *I work on Saturdays*

Je commence à huit heures et je finis à cinq heures *I start at eight and finish at five*

Je fais des économies pour acheter un ordinateur *I am saving up to buy a computer*

J'ai tout dépensé *I've spent everything*

Je suis fauché(e) *I'm broke*

LES RAPPORTS HUMAINS ET LA VIE SOCIALE

On se salue   Exchanging greetings

Bonjour Monsieur, Madame
.... Good Morning
Bonjour Monsieur, Madame
.... Good Afternoon
Bonsoir Mademoiselle . Good Evening
Salut .... Hi
Allô .... Hello (phone)
Au revoir .... Goodbye
A bientôt .... See you soon
A toute à l'heure .... See you later
A demain .... See you tomorrow

Comment ça va?/Ça va? .. How are you?
Ça va très bien, merci .. Very well, thank you
Comme ci, comme ça .. So-șo
Je te/vous présente Jean ... May I introduce Jean?
Enchanté(e) .... Pleased to meet you
Soyez le bienvenu! ...... Welcome!
Vous êtes la bienvenue! ... Welcome!

Entrez .... Come in
Asseyez-vous .... Sit down
S'il vous plaît .... Please
Merci .... Thank you
Pardon!/Excusez-moi! . Excuse me

Mots bouche-trou   Fillers

Oui, bien sûr .... Yes, of course
D'accord .... Agreed
C'est gentil .... That's nice
Volontiers/ Avec plaisir ... With pleasure
Je crois que oui .... I think so
Je ne crois pas .... I don't think so
Je suppose que oui .... I suppose so
Probablement .... I suppose so
Peut-être .... Perhaps
Cela m'est égal .... I don't mind
Quel dommage! .... What a shame!

On fait ses excuses Apologising

Excusez-moi .... I am sorry
Je suis désolé .... I am sorry
Je ne l'ai pas fait exprès
.... I didn't do it on purpose

Il n'y a pas de mal .... No harm done
Ça ne fait rien .... It doesn't matter
Je vous en prie .... Don't mention it
Ne vous en faites pas ... Don't worry
N'en parlons plus .... Let's forget it

Des vœux   Best wishes

Bon anniversaire! .... Happy Birthday!
Bonne année! .... Happy New Year!
Bonne chance! .... Good luck!
Bonne journée! .... Have a nice day!
Joyeux Noël! .... Happy Christmas!
Joyeuses Pâques! .... Happy Easter!

Les opinions   Opinions

J'aime... .... I like...
Je n'aime pas .... I don't like...
J'adore... .... I love...
Je déteste .... I hate...
J'ai horreur de .... I hate...
Je ne supporte pas ... . I can't stand...

Ça dépend .... That depends
J'aime mieux .... I prefer...
Je préfère... .... I prefer...

C'est dégueulasse .... It's disgusting
C'est délicieux .... It's delicious
C'est ennuyeux .... It's boring
C'est infect .... It's disgusting
C'est intéressant .... It's interesting
C'est pénible .... It's awful
C'est superbe .... It's superb
affreux, affreuse .... awful

difficile........................ difficult
gentil, gentille.............. kind
sympa (no f) .... nice

faible en .... poor at
fort en........................... good at
nul, nulle en................. useless at

Des questions   Questions

Combien (de)...? .... How (many)...?
Comment? .... How?
Comment est...?........... What is ... like?
Où? .... Where?
Pourquoi? .... Why?
Peut-on...? .... Can we...?
Puis-je...? .... May I...? Can I...?
Est-ce que je pourrais?. Could I...?
Quand? .... When?
Quel, Quels? (m) .... Which?
Quelle, Quelles? (f) ..... Which?
Qu'est-ce qui? .... What?
Qu'est-ce que?............. What?
Qui? .... Who?

Les problèmes des adolescents
Teenage problems

Les gens   People
l'adolescent (m), l'adolescente (f)
.... teenager
le copain...................... friend, mate
la copine...................... friend, mate
les parents (m) .... parents
le petit ami .... boyfriend
la petite amie .... girlfriend
les professeurs (m)....... teachers

l'absentéisme (m) .... truancy
l'abus (m) .... abuse
l'aggression (f) .... attack, mugging
l'asile (m) .... refuge
l'attitude (f) .... attitude
l'apprentissage (m) ...... apprenticeship
le boulot .... job

les boutons (m) ....spots, zits
les brutalités (f) ....bullying
le chômage...................unemployment
la colle ....detention
la couleur ....colour
le courrier du cœur.......agony column
le divorce ....divorce
la drogue.....................drug
l'emploi (m) ....work
les examens (m) ....examinations
la formation ....training (job)
le fossé entre les générations
............................generation gap
le foyer........................home
l'immigré (m), l'immigrée (f)
............................immigrant
le manque d'argent.......lack of money
le manque de transport .lack of transport
la matière (scolaire)......school subject
le mensonge ....lie
la mode ....fashion
la musique pop.............pop music
la peau ....skin
la pression des parents..parental pressure
le racisme....................racism
SDF, sans domicile fixe ...of no fixed
                                    address, homeless
le SIDA........................Aids
le train-train quotidien..daily routine (coll)
le travail scolaire..........school work
l'uniforme scolaire (m) school uniform
le vandalisme ....vandalism
la violence...................violence
le vol à l'étalage...........shop lifting
le voleur......................thief
le voyou ....hooligan

Des adjectifs   Adjectives
alcoolique ....alcoholic
bien informé................well-informed
désavantagé.................disadvantaged
doué............................gifted
ennuyant ....boring

ennuyé .... bored
flagrant .... glaring, obvious
gâté .... spoiled
intelligent .... intelligent
loin de la ville .... a long way out of town
mal informé .... ill-informed
nul, nulle (en) .... no good (at)
obligatoire .... compulsory
paresseux, paresseuse... lazy
privilégié .... privileged
sage .... well-behaved
stressé .... stressed out

Des expressions **Expressions**
Ça m'énerve .... It gets on my nerves
Ça me fatigue .... It makes me tired
Ça m'agace .... It irritates me
Ça m'ennuie .... It bores me
Ça m'embête .... It annoys me

Des verbes utiles **Useful verbs**
aider à la maison .... to help in the house
se bagarrer* .... to fight, dispute
comprendre *irreg* .... to understand
se coucher* tôt .... to go to bed early
se coucher* tard .... to go to bed late
devenir* *irreg* .... to become

devoir *irreg* .... to have to
douter de soi-même ..... to doubt oneself
s'entendre* bien avec.. to get on well with
faire la vaisselle *irreg*.. to do the washing up
gagner de l'argent .... to earn money
se lever* tard † .... to get up late
oublier .... to forget
perdre .... to lose
permettre *irreg* .... to allow
ranger sa chambre † .... to tidy one's room
réviser .... to revise
rigoler .... to have fun
sécher les cours † .... to skive off school
trouver difficile .... to find... difficult

accepter .... to accept
cacher la verité .... to hide the truth
critiquer .... to criticise
dire la vérité *irreg* .... to tell the truth
mentir *irreg* .... to lie
renvoyer † .... to expel, send away
rougir .... to blush
voler .... to steal

For leisure time and activities see page 32
For café and restaurant see page 23
For TV, radio, music, etc see page 16

Phrases and questions

Est-ce que tu t'entends bien avec tes parents/ta mère/ton père/ton frère/ta sœur? *Do you get on well with your parents/mother/father/brother/sister?*

Est-ce que tu as des problèmes au collège? *Have you any problems at school?*

On te permet de sortir avec tes amis pendant la semaine/le weekend? *Are you allowed to go out with your friends during the week/at weekends?*

A propos de quoi y a-t-il des disputes chez toi? *What do you argue about at home?*

Qu'est-ce qui t'embête? *What annoys you?*

Ce qui m'embête, c'est... *What annoys me is...*

SI ON SORTAIT?

Où va-t-on?   Where shall we go?

la boîte .... nightclub
la boum .... party (celebration)
le café........................... café
le centre sportif........... sports centre
le cinéma.................... cinema
la discothèque............. disco
les magasins (m)......... shops
le match...................... match
le parc .... park
la patinoire .... ice rink
la piscine .... swimming pool
le théâtre..................... theatre

For eating out see 23

Accepter   Accepting

avec plaisir .... with pleasure
d'accord .... OK
bien sûr........................ of course
bon .... good
ça dépend .... it depends
certainement............... certainly
entendu....................... OK, agreed
formidable................... super
gentil, gentille.............. nice, kind
merci .... thank you
oui .... yes
Je veux bien................. I'd love to
volontiers .... gladly

Refuser   Refusing

C'est impossible, parce que...
.... It's impossible, because
Désolé, mais................ Sorry, but...
Je regrette, mais........... I'm sorry, but...
Je ne peux pas.............. I can't
Je ne suis pas libre....... I'm not free

non .... no
malheureusement......... unfortunately

On se revoit quand?   When shall we meet?

à sept heures et demie.. at 7.30
bientôt........................ soon
ce soir .... this evening
cet après-midi.............. this afternoon
dans deux heures .... in two hours
demain .... tomorrow
la semaine prochaine ... next week
le week-end................. at the weekend
lundi prochain .... next Monday

For other clock times see page 92
For days of the week see page 93

On se revoit où?   Where shall we meet?

à l'arrêt d'autobus .... at the bus stop
dans le café .... in the café
devant le cinéma.......... outside the cinema
à la gare...................... at the station
dans le restaurant......... in the restaurant

For town and buildings see page 46

dans............................ in
devant .... in front of
derrière....................... behind
à droite de .... to the right of
à gauche de .... to the left of
en face de.................... opposite

Des verbes utiles   Useful verbs

accepter....................... to accept
accompagner .... to go with
aller* voir *irreg*........... to go and see
arriver* .... to arrive
avoir lieu *irreg* .... to take place
attendre .... to wait for
coûter.......................... to cost
danser.......................... to dance

décider......................... to decide
demander..................... to ask
il faut........................... we must, you have to
inviter.......................... to invite
oublier......................... to forget
penser.......................... to think
pouvoir *irreg* .... to be able to, can
prendre rendez-vous *irreg* to arrange to meet
proposer .... to suggest
refuser .... to refuse
regretter....................... to be sorry
remercier .... to thank
savoir *irreg* .... to know (facts)
sortir* *irreg* .... to go out
venir* *irreg* .... to come
se voir* *irreg* .... to meet
voir *irreg* .... to see
vouloir *irreg* .... to want to

Les distractions   Entertainment

la boum .... party
le cinéma .... cinema
le concert..................... concert
la discothèque.............. disco
le restaurant .... restaurant
le théâtre..................... theatre

On achète des billets   Buying tickets

l'adulte (m, f) .... adult
le balcon...................... circle
le billet .... ticket
l'enfant (m, f) .... child
l'entrée (f) .... entrance (cost)
l'étudiant (m), l'étudiante (f) student
le groupe .... group
l'orchestre (m)............. stalls
la place .... seat

le prix......................... cost, price
la réduction pour enfants
.... reduction for children
le tarif .... cost
le tarif réduit .... reduced rate
le tarif étudiant........... student rate

Ça commence à quelle heure?
What time does it start?

L'après-midi (m) .... afternoon
l'heure (f)................... hour
une heure.................... an hour, one o'clock
les heures d'ouverture (f). opening times
le jour férié................. bank holiday
le matin .... morning
le soir .... evening

fermé........................... closed
ouvert.......................... open

à partir de .... from
jusqu'à .... until

Des verbes utiles   Useful verbs

aimer........................... to love
arriver* .... to arrive
chercher .... to look for
commencer †.............. to start
coûter .... to cost
durer............................ to last
entrer*......................... to go into
finir............................. to end
jouer............................ to act
sortir* *irreg* .... to go out

For clock times see page 92
For numbers see page 91
For days of the week see page 93

LES FÊTES

On fête   We celebrate

la Saint-Sylvestre......... New Year's Eve
le jour de l'An .... New Year's Day
le nouvel an .... New Year
le jour des Rois............ Twelfth Night
la Saint Valentin .... St Valentine's Day
le Mardi gras .... Shrove Tuesday
la fête des Mères.......... Mother's Day
le jour de Pâques .... Easter Day
le premier mai .... May 1st
le quatorze juillet......... Bastille Day
la Toussaint .... All Saints (Nov 1st)
le cinq novembre .... Guy Fawkes Night
le Réveillon .... Christmas Eve
le jour de Noël............ Christmas Day

le Ramadan................. Ramadan
le Sabbat..................... Sabbath
la Pâque juive .... Passover
Hanouka .... Chanukah
le nouvel an juif.......... Rosh Hashana
le Diwali.................... Divali

la naissance .... birth
l'anniversaire (m) .... birthday
la Bar Mitzwa............. Bar Mitzvah
la fête .... name day
le mariage................... marriage
le mariage civil........... civil ceremony
la cérémonie religieuse church wedding
les noces (f) .... wedding
le repas de réception .... reception
le voyage de noces....... honeymoon

Les généralités   General

le bal .... ball
la boum .... party
le cadeau .... present
la carte....................... card
le défilé .... procession

la dragée..................... sugared almond
la fête d'anniversaire ... birthday party
les feux d'artifice (m).. fireworks
la fève .... charm in Twelfth
                  Night cake
le gâteau..................... cake
l'histoire (f)................ story, history
les herbes amères (f).... bitter herbs
le muguet .... lily of the valley
la musique.................. music
les œufs en sucre (m)... sugar eggs
les œufs en chocolat (m)...Easter eggs
le Père Noël................ Father Christmas
le sapin de Noël........... Christmas tree

la cathédrale .... cathedral
l'église (f) .... church
la mosquée .... mosque
la synagogue .... synagogue
le temple sikh............. gurdwara

Les gens   People

l'ami (m) .... friend
l'amie (f) .... friend
la famille.................... family
les parents (m)............ parents, relatives

le chrétien, la chrétienne...Christian
l'hindou (m), l'hindoue (f) ....Hindu
le juif, la juive .... Jew
le musulman, la musulmane ..Muslim
le, la sikh................... Sikh

C'était comment?   What was it like?

amusant...................... good fun
bruyant...................... noisy
familial...................... of the family
heureux, heureuse........ happy
religieux, religieuse..... religious

Des verbes utiles   Useful verbs

acheter † .... to buy
aller* *irreg* .... to go
aller* au restaurant *irreg* .. to go to a restaurant
aller* voir des amis *irreg* . to visit friends
s'amuser* .... to have a good time
arriver* .... to arrive; to happen
boire *irreg* .... to drink
chanter .... to sing
danser .... to dance
donner .... to give
écouter de la musique .. to listen to music
envoyer † .... to send

fêter .... to celebrate
inviter .... to invite
manger † .... to eat
offrir des cadeaux *irreg* to give presents
recevoir des amis *irreg* to have friends round
rester* .... to stay
se passer* .... to take place

For other family words see page 27
For food see pages 23, 54
For recipes see page 56
For clothes see page 57

Des phrases et des questions

Où est-ce que tu passes le jour de Noël/Chanukah/Divali/Eid? *Where do you spend Christmas/Chanukah/Divali/Eid?*

Qu'est-ce que tu fais/ *What do you do?*

Qu'est-ce que tu manges? *What do you eat?*

Est-ce que tu reçois des cadeaux? *Do you get presents?*

J'offre un CD à mon père *I am giving my father a CD as a present*

LA VILLE ET LA CAMPAGNE

Les généralités   General

l'agriculture (f) .... agriculture
l'agglomération (f) ...... built up area
l'arrondissement (m) ... district in large city
la banlieue .... suburbs, outskirts
le bruit .... noise
l'espace (m) .... space
l'environnement (m) .... environment
les environs (m) .... surroundings
l'industrie (f) .... industry
le silence .... silence
le village .... village
la ville .... town

La géographie   Geography

le barrage .... dam
la chaîne de montagnes mountain range
le climat .... climate
le désert .... desert
l'île (f) .... island
le lac .... lake
la montagne .... mountain
le pays .... country
la province .... province
la région .... region
la rivière .... river
le ruisseau .... stream
la vallée .... valley

Les gens   People

l'agent de police (m).... policeman
l'agriculteur (m) .... farmer
l'automobiliste (m, f)... motorist
le citadin, la citadine.... city dweller
le commerçant .... trader
le cycliste .... cyclist
les enfants (m) .... children
le facteur .... postman
la femme d'affaires...... business woman
les femmes (f).............. women
le fermier.................... farmer
le gendarme................. policeman (local)
les habitants (m) .... inhabitants
l'homme d'affaires (m) businessman
les hommes (m) .... men
le marchand................. seller, shopkeeper
l'ouvrier agricole (m) .. farm worker
le piéton .... pedestrian

En ville   In town

Les bâtiments   Buildings

l'abbaye (f)................. abbey
l'aéroport (m) .... airport
l'agence de voyages (f) ... travel agency
l'auberge de jeunesse (f).. youth hostel
la banque .... bank
la bibliothèque............. library
le bureau..................... office
le bureau de poste........ post office
la cathédrale .... cathedral
le château .... castle
le cinéma.................... cinema
la clinique................... clinic, hospital
le club des jeunes......... youth club
le collège .... secondary school
le commissariat de police. police station
l'école (f) .... primary school
l'église (f)................... church
la gare .... station
la gare routière .... coach station
la gendarmerie............. police station

l'hôpital (m)................ hospital
les hôpitaux (m) .... hospitals
l'hôtel (m).................... hotel
l'hôtel de ville (m) .... town hall
l'immeuble (m) .... block of flats
le jardin public .... park
le jardin des plantes...... park
le magasin.................... shop
la mairie...................... town hall
le marché .... market
le musée...................... museum
l'office de tourisme (m) ...tourist office
la patinoire.................. ice rink
la piscine..................... swimming pool
la poste........................ post office
le poste de police.......... police station
le stade........................ stadium
la station-service .... petrol station
le syndicat d'initiative..tourist office
le théâtre .... theatre
la tour .... tower
l'usine (f) .... factory

Des points de repère   Landmarks

l'arrêt d'autobus (m) ....bus stop
l'autoroute (f)............... motorway
l'avenue (f) .... avenue
la banlieue.................... suburb
la boîte aux lettres ....letter box
le boulevard .... wide street (with trees)
le bout de la rue............ end of the road
la cabine téléphonique..phone box
le camping .... campsite
le carrefour................... crossroads
le centre commercial ....shopping centre
le centre omnisports .....sports centre
le centre-ville .... town centre
la circulation .... traffic
le coin .... corner
le cul-de-sac................. cul-de-sac
l'endroit (m)................. place
les feux (m)................. (traffic) lights

le jardin public.............	park
le kiosque	newspaper stand
le métro	underground
le monument...............	monument
la mosquée..................	mosque
le palais	palace
le panneau	road sign, board
le parc.........................	park
le parking	car park
le passage clouté.........	pedestrian crossing
le passage à niveau	level crossing
le passage souterrain....	subway
le périphérique.............	ring road
la place	square
le pont	bridge
le port.........................	port
le quartier	district, area
la rocade.....................	bypass
le rond-point...............	roundabout
la rue	street
la rue piétonne.............	pedestrian precinct
la synagogue...............	synagogue
la terrasse (de café)......	terrace (on pavement)
le temple.....................	Protestant church, temple
le trottoir	pavement
le village.....................	village
la ville	town
la zone piétonne...........	pedestrian precinct

Au jardin public   In the park

l'arbre (m)	tree
la balançoire	swing
le banc........................	bench
la fleur........................	flower
le gazon......................	grass
le jet d'eau..................	fountain
le parterre	flower bed

A la campagne   In the country

l'arbre (m)	tree
le bois.........................	wood
le bord........................	edge, river bank

la campagne	countryside
le champ......................	field
la colline	hill
la ferme......................	farm
la fleur	flower
la forêt	forest
le gîte.........................	holiday cottage, gîte
la haie	hedge
l'herbe (f)...................	grass
la nature	nature
le paysage	countryside
la résidence secondaire	second/holiday home
la rivière.....................	river
le sentier.....................	footpath
le tracteur	tractor
le verger.....................	orchard
le village	village

A la ferme   On the farm

la basse-cour	farmyard
l'écurie (f)	stable
l'épouvantail (m).........	scarecrow
l'étang (m)	pond
la ferme......................	farm
le fermier	farmer
le foin.........................	hay
la grange	barn
la maison de ferme	farmhouse
le moulin à vent...........	windmill
le nid..........................	nest
la paille	straw
les produits de la ferme (m)...	farm produce
la remorque.................	trailer
la vendange/les vendanges.....	grape harvest
le vigneron	vine cultivator
le vignoble	vineyard

For animals see page 82

C'est comment   What is it like?

agréable......................	pleasant
ancien, ancienne..........	old, ex-, former
animé	lively

beau, bel, belle .... pretty, beautiful
beaucoup .... a lot of, many
bon, bonne................... good
calme........................... quiet
charmant...................... charming
dangereux, dangereuse. dangerous
ennuyeux, ennuyeuse... boring
grand .... big
historique .... historic
important..................... important
industriel, industrielle.. industrial
intéressant .... interesting
laid .... ugly
large .... wide
moderne .... modern
naturel, naturelle.......... natural
paisible....................... peaceful
petit........................... small
pittoresque.................. picturesque
plusieurs .... several
pollué .... polluted
proche .... near
propre.......................... clean
sale .... dirty
tranquille .... peaceful, quiet
triste .... sad
vieux, vieil, vieille....... old
voisin .... nearby, neighbouring

C'est où?   **Where is it?**
à   .... at
autour de .... around
à côté de .... next to
contre .... against
derrière....................... behind
devant.......................... in front of

à droite (de).................on the right (of)
en face de....................opposite
entre...........................between
à gauche (de)...............on the left (of)
à dix kilomètres de.......10 km from
là   ....there
là-bas ....over there
le long de ....along
loin de.........................a long way from
au milieu de ....in the middle of
près de ....near
près d'ici ....near here
situé à.........................situated (at)
sur ....on
sous.............................under
tout droit ....straight on
tout près ....very near

For a list of other countries see page 89

Des verbes utiles   **Useful verbs**
Excusez-moi! ....Excuse me!

aller* jusqu'à *irreg*.......to go as far as
continuer.....................to carry on
passer* devant.............to go past
prendre *irreg* ....to take
tourner ....to turn
traverser ....to cross
se trouver* ....to be situated
visiter.........................to visit
voir *irreg*.....................to see

For weather see page 49
For shops see page 53
For holiday words see page 78

Phrases

J'habite Malvern depuis dix ans *I have lived in Malvern for ten years*

Malvern est une petite ville près de Worcester *Malvern is a little town near Worcester*

Qu'est-ce qu'il y a à voir à Malvern? *What is there to see in Malvern?*

Il y a les collines, le petit musée, un jardin public et une grande église *There are the hills, the little museum, a park and a big church*

On peut aller au théâtre, au cinéma ou à la piscine *You can go to the theatre, the cinema or the swimming pool*

On peut faire des randonnées sur les collines *You can go for walks on the hills*

LA MÉTÉO

Les généralités   General

le bulletin météo .... weather forecast
la météo marine .... shipping forecast
la photo satellite .... satellite picture

l'averse (f) .... shower, downpour
le brouillard .... fog
le ciel .... sky
le degré .... degree
la neige .... snow
le nuage .... cloud
l'orage (m) .... storm
la pluie .... rain
le soleil .... sun, sunshine
la température .... temperature
la tempête .... storm
le tonnerre .... thunder
le vent .... wind

l'amélioration (f) .... improvement
l'arc-en-ciel (m) .... rainbow
la brume .... mist
la chaleur .... heat
le climat .... climate
le coucher du soleil ...... sunset
l'éclair (m) .... flash of lightning
l'éclaircie (f) .... bright period

l'étoile (f) .... star
la glace .... ice
la grêle .... hail
l'humidité .... dampness, humidity
le lever du soleil .... sunrise
la lune .... moon
la marée .... tide
la mer .... sea
l'ombre (f) .... shadow, shade
la précipitation .... precipitation
la pression .... pressure
la prévision .... forecast
la visibilité .... visibility

Les saisons   Seasons

l'automne (m) .... autumn
l'été (m) .... summer
l'hiver (m) .... winter
le printemps .... spring

l'an (m) .... year
l'année (f) .... year
l'après-midi (m) .... afternoon
le matin .... morning
le mois .... month
la nuit .... night
la saison .... season

49

le soir .... evening
la soirée .... evening

Quel temps fait-il aujourd'hui?
What is the weather like today?

Il fait beau .... It is fine
Il fait chaud .... It is hot
Il fait froid.................... It is cold
Il fait jour .... It is light
Il fait mauvais.............. The weather is bad
Il fait noir .... It is dark
Il fait nuit .... It is dark
Il fait 30 degrés .... It is 30 degrees
Il fait du brouilllard ..... It is foggy
Il fait du soleil .... It is sunny
Il fait du vent............... It is windy
Il y a des nuages .... It is cloudy
Il y a de l'orage .... It is stormy
Il gèle .... It is freezing
Il grêle......................... It is hailing
Il neige .... It is snowing
Il pleut......................... It is raining
Il tombe de la neige fondue .. It is sleeting
Il tonne........................ It is thundering
Il y a des éclairs........... It is lightning

... et demain?   Tomorrow...?

D'après la météo...
According to the weather forecast
il fera beau .... It will be fine
il fera chaud................. It will be hot
il fera froid .... It will be cold
il fera 30 degrés........... It will reach 30
                          degrees
il fera du brouillard...... It will be foggy
il fera du soleil............. It will be sunny
il fera du vent .... It will be windy
il y aura des éclaircies.. There will be bright
                          spells
il y aura de l'orage....... It will be stormy
il y aura des nuages ..... It will be cloudy

Hier...   Yesterday...

il faisait beau............... It was fine
il faisait chaud............. It was hot
il faisait froid.............. It was cold
il faisait mauvais .... The weather was bad
il faisait 30 degrés .... It was 30 degrees
il faisait du brouillard.. It was foggy
il faisait du soleil........ It was sunny
il faisait du vent........... It was windy
il y avait des nuages .... It was cloudy
il gelait........................ It was freezing
il neigeait .... It was snowing
il pleuvait .... It was raining

...ou quand?   ...or when?

demain .... tomorrow
après-demain............... the day after tomorrow
de temps en temps .... from time to time
généralement............... usually
quelquefois.................. sometines
souvent........................ often
tout à l'heure .... shortly, recently

Des adjectifs   **Some adjectives**
affreux, affreuse .... awful
agréable....................... pleasant
beau, bel, belle .... fine
brumeux, brumeuse ..... misty
bleu .... blue
chaud .... hot
couvert .... cloudy
dégagé......................... clear
doux, douce................. mild
ensoleillé .... sunny
fort .... strong
froid .... cold
humide .... wet
léger, légère................ light
lourd .... heavy, sultry
mauvais....................... bad
meilleur....................... better
neigeux, neigeuse .... snowy

nuageux, nuageuse....... cloudy
orageux, orageuse........ stormy
pluvieux, pluvieuse...... rainy
prochain .... next
rare .... rare
sec, sèche.................... dry
triste .... gloomy, dull
variable....................... variable

Des verbes utiles   **Useful verbs**
s'adoucir*.................... to become mild
briller .... to shine

changer †..................... to change
éclater .... to burst
faire beau *irreg*........... to be fine
fondre......................... to melt
geler † .... to freeze
neiger † .... to snow
pleuvoir *irreg* .... to rain
prévoir *irreg* .... to forecast
se refroidir*................. to get colder
souffler....................... to blow
tonner......................... to thunder

ON DEMANDE LE CHEMIN

Pour aller à...?   **How do I get to...?**

Pardon Monsieur .... Excuse me (to a man)
Pardon Madame........... Excuse me
                                     (to a woman)
Où est...? .... Where is...?
Merci beaucoup........... Thank you very much

Allez tout droit .... Go straight on
Descendez la rue.......... Go down the street
Empruntez la N 176..... Take the N176
Montez la rue............... Go up the street
Prenez la première à droite
.... Take the first on the right
Tournez à droite .... Turn right
Tournez à gauche......... Turn left
Traversez la rue .... Cross the road

Où est-ce?   **Where is it?**

à côté de la poste .... next to the post office
après le carrefour......... after the crossroads
avant le kiosque........... before you get to the
                                     kiosk

au coin de la rue .... on the corner of the
                                     street
devant le cinéma.......... outside the cinema
derrière le théâtre .... behind the theatre
en face de la banque .... opposite the bank
entre le pont et les feux ... between the bridge
                                     and the lights
loin de la gare.............. a long way from the
                                     station
près de la place............ near the square
près d'ici .... near here
tout près .... close by

For landmarks see page 46

Des panneaux   **Signs**

accès interdit (m)......... no entry
défense d'entrer........... no entry
défense de marcher sur le gazon
.... keep off the grass
déviation .... diversion
interdit aux cyclistes.... no cyclists
péage.......................... toll

réservé aux piétons ...... pedestrians only
sens unique (m) .... one way
serrez à droite .... keep to the right
stationnement interdit (m)...no parking
travaux (mpl) .... work in progress,
                         roadworks

La carte   The map

l'autoroute (f) .... motorway
la route nationale (RN) main road
la route départmentale (D)
                      .... secondary road
Bis (Bison futé) .... holiday route (HR)

Des verbes utiles   Useful verbs

aller* *irreg* .... to go
aller* jusqu'à *irreg*... ... to go as far as...
conduire *irreg* .... to drive
connaître *irreg* .... to know (place, people)

continuer .... to continue
descendre* .... to go down
emprunter................... to take (a route)
être à pied *irreg* .... to be on foot
marcher .... to walk
monter*....................... to go up
prendre *irreg* .... to take
rouler .... to go (of a vehicle)
savoir *irreg*................. to know (fact, how to)
tourner .... to turn
traverser .... to cross
voir *irreg*.................... to see

For town words see page 46
For shops see page 53
For address words see page 10
For car and public transport words
see page 64

Phrases

Pour aller à la gare, s'il vous plaît? *What is the way to the station, please?*
Où est la gare routière? *Where is the coach station?*
C'est loin d'ici? *Is it far?*
C'est à quelle distance? *How far is it?*
C'est à dix minutes à pied *It's a ten minute walk*
C'est à cinq kilomètres d'ici *It's five kilometres from here*
On peut y aller en autobus? *Can we get there by bus?*
Faut-il prendre un taxi? *Do I have to take a taxi?*
Voyez-vous l'église? *Can you see the church?*

ON FAIT DES COURSES

Les généralités   General

la banlieue .... outskirts, suburbs
la boutique.................... shop
le centre-ville.............. town centre
le centre commercial.... shopping centre
le magasin .... shop

Les gens   People

le caissier...................... cashier
la caissière.................... cashier
le client......................... customer
le gérant........................ manager
le marchand .... (market) trader
le passant...................... passer-by
le vendeur..................... sales assistant
la vendeuse.................... sales assistant

Les magasins   The shops

le grand magasin.......... department store
la grande surface.......... hypermarket
l'hypermarché (m)....... hypermarket
le kiosque à journaux... news stand
le marché...................... market
le supermarché............. supermarket

la banque .... bank
la caisse d'épargne....... savings bank
la poste .... Post Office

l'agence de voyages (f) ..... travel agency
l'alimentation générale (f) . convenience store
la bijouterie .... jeweller's shop
la boucherie................. butcher's shop
la boulangerie.............. baker's shop
la boutique................... small shop
le (bureau de) tabac ..... tobacconist's shop
la charcuterie .... pork butcher's,
                                        delicatessen
le coiffeur.................... hairdresser's salon
la confiserie................. sweet shop
la cordonnerie............. cobbler's

la crémerie .... dairy produce shop
la droguerie .... hardware shop
l'épicerie (f) .... grocer's shop
la librairie.................... bookshop
le libre-service............. self service
le magasin de vêtements.. clothes shop
le marchand de fruits... ... fruit seller
le marchand de légumes .. greengrocer
le marchand de vin ...... wine shop
le nettoyage à sec .... dry-cleaning
l'opticien (m) .... optician
la papeterie.................. stationer's shop
la pâtisserie .... cake shop
la pharmacie................ chemist's shop
le photographe............. photographer's
la poissonnerie............. fish shop
la quincaillerie............. ironmonger's shop
la teinturerie .... dry cleaner's

Au magasin   In the shop

l'article (m) .... article
l'ascenseur (m)............. lift
la cabine d'essayage .... changing room
le caddie® .... trolley
le chariot .... trolley
le commerçant............. shopkeeper
le comptoir.................. counter
le dernier étage............ top floor
l'entrée principale (f)... main entrance
l'escalier roulant (m) ... escalator
l'étage (m)................... floor
l'étalage (m) .... display
l'étiquette (f) .... label
les marchandises (f)..... goods
la marque .... make, brand
le panier .... basket
le prix.......................... price
le produit..................... product
les provisions (f).......... groceries
la qualité .... quality
le rayon .... shelf, department

le reçu	receipt
le rez-de-chaussée	ground floor
le sous-sol	basement
la vitrine	shop window

Des panneaux   Signs, Notices

à vendre	for sale
entrée (f)	entrance
entrée libre (f)	browsers welcome
en vente ici	on sale here
fermé	closed
fermeture annuelle (f)	annual holiday
heures d'ouverture (f)	opening hours
libre service	self-service
d'occasion	second-hand
ouvert tous les jours	open 7 days a week
payez à la caisse	pay at the cash desk
poussez	push
prière de ne pas toucher	please do not touch
prix chocs (m)	fantastic prices
prix réduits (m)	reductions
(en) promo(tion)	on special offer
servez-vous	self service
soldes (mpl)	sale
sortie (de secours) (f)	(emergency) exit
tirez	pull

à partir de	from
assez	enough
beaucoup de	a lot of
ça va	that's fine
combien de...?	how much/many?
je voudrais	I would like
par personne	per person
quel, quelle?	which?
quelque	some
trop	too much, too many

On achète à manger   Buying food

Des boissons   Drinks

l'alcool (m)	alcohol
le coca-cola®	coca cola®
le jus de fruit	fruit juice

le lait complet	full milk
le lait demi-écrémé	semi-skimmed milk
le lait écrémé	skimmed milk
la limonade	lemonade
l'orangina® (m)	orangina®
le thé	tea
le vin	wine

A la boulangerie   At the baker's

la baguette	stick of bread
le beignet	doughnut
le croissant	croissant
le gâteau	cake
le pain	bread
la pâtisserie	pastries, cakes
la tarte	tart

A l'épicerie   At the grocer's

le beurre	butter
le biscuit	biscuit
le bonbon	sweet
le café	coffee
les corn-flakes (m)	cornflakes
les chips (m)	crisps
le chocolat	chocolate
la confiture	jam
la confiture d'orange	marmalade
la crème	cream
les épices (f)	spices
la farine	flour
les frites (f)	chips
le fromage	cheese
la glace	ice cream
l'huile (d'olive) (f)	(olive) oil
la margarine	margarine
le miel	honey
la moutarde	mustard
les nouilles (f)	noodles
l'œuf (m)	egg
les pâtes (f)	pasta
le poivre	pepper
le potage	soup

la quiche lorraine	cheese and egg flan
le riz	rice
le sandwich	sandwich
le sel	salt
la soupe	soup
le sucre	sugar
le vinaigre	vinegar
le yaourt	yoghurt

La viande — **Meat**

l'agneau (m)	lamb
le bifteck	steak
le bœuf	beef
le canard	duck
la côtelette	chop, cutlet
la dinde	turkey
les escargots (m)	snails
le gigot	leg of lamb
le hamburger	hamburger
le jambon	ham
le lapin	rabbit
le mouton	mutton
le pâté	pâté
le porc	pork
le poulet	chicken
le rôti	joint, roast meat
la saucisse	sausage
le saucisson	salami
le steak	steak
le veau	veal
la venaison	venison
la viande de cheval	horsemeat
la viande hachée	mince
la volaille	poultry

Des légumes — **Vegetables**

la carotte	carrot
le champignon	mushroom
le chou	cabbage
le chou de Bruxelles	Brussels sprout
le chou-fleur	cauliflower
le concombre	cucumber
le cornichon	gherkin

la fève	broad bean
le haricot	bean
le haricot vert	green/French bean
la laitue	lettuce
l'oignon (m)	onion
les petits pois (m)	peas
la pomme de terre	potato
le riz	rice
la salade	lettuce, green salad
la tomate	tomato

l'ail (m)	garlic
l'artichaut (m)	artichoke
l'aubergine (f)	aubergine
l'avocat (m)	avocado
la betterave	beetroot
·les brocolis (m)	broccoli
la courgette	courgette, marrow
les épinards (m)	spinach
le maïs	sweetcorn
le poireau	leek
le poivron rouge/vert	red/green pepper
le radis	radish

Des fruits — **Fruit**

l'abricot (m)	apricot
l'ananas (m)	pineapple
la banane	banana
le brugnon	nectarine
le cassis	blackcurrant
la cerise	cherry
le citron	lemon
le citron vert	lime
la fraise	strawberry
la framboise	raspberry
la groseille	red currant
la groseille à maquereaux	gooseberry
le kiwi	kiwi
la mandarine	tangerine
le melon	melon
la mûre	blackberry
la nectarine	nectarine

la noisette	hazelnut
la noix	walnut, nut
l'orange (f)	orange
le pamplemousse	grapefruit
la pastèque	watermelon
la pêche	peach
la poire	pear
la pomme	apple
la prune	plum
le pruneau	prune
le raisin	grape

Des poissons   Fish

l'aiglefin (m)	haddock
les bâtonnets de poisson (m)	fish fingers
le crabe	crab
la crevette	shrimp
les fruits de mer (m)	sea food
le hareng	herring
le homard	lobster
les huîtres (f)	oysters
la morue	cod
les moules (f)	mussels
la raie	skate, ray
la sardine	sardine
le saumon (fumé)	(smoked) salmon
la sole	sole
le thon	tuna
la truite	trout

C'est comment?   What is it like?

amer, amère	bitter
à point	medium (meat)
au gratin	baked in the oven, with cheese
bien cuit	well cooked
biologique	organic (vegetables)
bouilli	boiled
bleu	very rare (meat)
bon, bonne	good
chaud	hot
cru	raw
de la région	local

délicieux, délicieuse	delicious
demi-	half-
excellent	excellent
farci	stuffed
frais, fraîche	fresh, not frozen
froid	cold
frit	fried
grillé	grilled, toasted
maison (fait à la maison)	home-made
mauvais	bad
naturel, naturelle	organic
propre	clean
rôti	roast
saignant	rare (meat)
salé	savoury, salty
sucré	sweet

Les recettes   Recipes

Comment préparer cela?
                    How do you make that?

l'ail (m)	garlic
le basilic	basil
la cannelle	cinnamon
la ciboulette	chives
la coriande	coriander
les épices (f)	spices
l'estragon (m)	tarragon
le gingembre	ginger
la marjolaine	marjoram
la noix de muscade	nutmeg
le persil	parsley
le poivre	pepper
le romarin	rosemary
le safran	saffron
la sauge	sage
le sel	salt
le thym	thyme

à feu doux	on a low heat
à fond	thoroughly
à four moyen	in a moderate oven
bouilli	boiled
cru	raw, uncooked

en civet .... stewed
épicé .... spicy
fariné .... dipped in flour,
                                   floured
(bien) beurré .... (well) buttered
haché .... minced
râpé .... grated

assaisonner .... to season
battre .... to beat
couper .... to cut
couvrir *irreg* .... to cover
découper .... to cut up
égoutter .... to drain
éplucher .... to peel, clean
il faut .... you need, take
faire bouillir *irreg* .... to bring to the boil
faire cuire *irreg* .... to cook
faire revenir *irreg* .... to brown, fry gently
mélanger † .... to mix
parfumer .... to flavour
préparer .... to prepare
remplir .... to fill
rouler .... to roll
verser .... to pour

une cuillerée à café ...... a teaspoonful
une cuillerée à soupe.... a tablespoonful
une pincée de .... a pinch of

Ça se vend comment?
Weights and measures
cent grammes de.......... 100 grams of
un demi-litre de .... half a litre of
la douzaine .... dozen
le gramme.................... gram
le kilo .... kilo
le litre .... litre
la livre .... pound (lb)

la moitié .... half
le quart .... quarter
le tiers.......................... third

la boîte .... box, tin
la bouteille .... bottle
le morceau................... piece
la paire .... pair
le panier .... punnet
le paquet...................... packet
la pièce........................ item, piece
le pot .... jar, pot
la rondelle .... slice (round)
la tranche..................... slice
le tube .... tube

On paie   Paying
l'argent (m) .... money
l'argent de poche (m) .. pocket money
le billet (de cinquante francs)
         .... (50 franc) note
la caisse....................... cash desk
le carnet de chèques..... cheque book
la carte bleue .... major French credit
                                   card
la carte de credit .... credit card
la carte Visa®.............. Visa® card
le code-barres .... barcode
le franc .... franc
la livre sterling .... £, pound sterling
la monnaie................... change, currency
la pièce (d'argent) .... coin
le portefeuille .... wallet
le porte-monnaie .... purse
le prix.......................... price

On achète des vêtements
Buying clothes

les baskets (m)............. trainers
le blouson.................... jacket
le caleçon .... leggings
le chapeau .... hat
la chaussette .... sock
la chaussure................. shoe
la chemise .... shirt
le chemisier................. blouse

le collant	pair of tights		le chou-chou	scrunchie
la cravate	tie		le col	collar
le jean	pair of jeans		le collier	necklace
le jogging	tracksuit		la fermeture éclair®	zip fastener
la jupe	skirt		la manche	sleeve
le manteau	coat		la montre	watch
le pantalon	pair of trousers		le mouchoir (en papier)	(paper) handkerchief
le pullover	pullover		le parapluie	umbrella
le pyjama	pair of pyjamas		la poche	pocket
la robe	dress		le sac	bag
le short	pair of shorts		le sac banane	bumbag
le slip	underpants			
le soutien-gorge	bra		la mode	fashion
le survêtement	tracksuit		la pointure	size (shoes)
le tricot	jumper, sweater		la taille	size (clothes)
le T-shirt	T-shirt			
la veste	jacket			

Le tissu   **Material**

l'argent (m)	silver
le coton	cotton
le cuir	leather
la laine	wool
le métal	metal
le nylon	nylon
l'or (m)	gold
le plastique	plastic
la soie	silk

l'anorak (m)	anorak
le bikini	bikini
la botte	boot
la ceinture	belt
la chemise de nuit	nightdress
le complet	(gents) suit
le costume	(gents) suit
l'écharpe (f)	scarf
le foulard	scarf
le gant	glove
le gilet	waistcoat
l'imperméable (m)	raincoat
le maillot de bain	swimsuit
la moufle	mitten
la pantoufle	slipper
le pardessus	overcoat
la robe de chambre	dressing gown
la salopette	dungarees
la sandale	sandal
le slip de bain	swimming trunks
le tailleur	suit (woman)

Le maquillage   **Make-up**

le démaquillant	make-up remover
le mascara	mascara
l'ombre à paupières (f)	eye shadow
le parfum	perfume
le rouge à lèvres	lipstick
le vernis à ongles	nail varnish

C'est comment?   **What's it like?**

bon marché	cheap
cher, chère	expensive, dear
clair	light (colour)
court	short
différent	different
d'occasion	second hand
entier, entière	whole, complete
étroit	tight, narrow

la bague	ring
les boucles d'oreilles (f)	earrings
le bouton	button

foncé	dark (colour)	taille 41	size 16

Vous faites quelle pointure?
What size shoes do you take?

frais, fraîche	cool, fresh
gratuit	free
intéressant	good value (of prices)
léger, légère	light (weight)
long, longue	long
neuf, neuve	new
pareil, pareille	similar, the same
quelque chose de moins cher	something cheaper
quelque chose de joli	something pretty
rayé	striped

pointure 37	size 4
pointure 37.5	size 4½
pointure 38	size 5
pointure 39	size 5½
pointure 39½.	size 6
pointure 40	size 6½
pointure 40½	size 7
pointure 42	size 8
pointure 43	size 9
pointure 44½	size 10
pointure 45½	size 11
pointure 47	size 12

All European sizings given are approximate

For colours see page 29
For numbers see page 91

C'est quelle taille?   What size is it?
Pour les femmes   For women

la robe	dress
le tailleur	suit
le pull	jumper
taille 34	size 8
taille 36	size 10
taille 38	size 12
taille 40	size 14
taille 42	size 16
petit (1)	small
moyen (2)	medium
grand (3)	large

C'est pour qui?   Who is it for?

c'est pour moi	it's for me
c'est pour offrir	it's for a present

Des problèmes   Problems

la réclamation	complaint
le reçu	receipt
les instructions pour le lavage (f)	washing instructions
la fuite	leak
l'inondation (f)	flood
la pile	battery (torch etc.)
le trou	hole

Pour les hommes   For men

le complet	suit
la veste	jacket
taille 46	size 36
taille 48	size 38
taille 50	size 39-40
taille 52	size 42
taille 54	size 44

la chemise	shirt
taille 36	size 14
taille 37	size 14½
taille 38	size 15
taille 39/40	size 15½

Des adjectifs   Adjectives

trop cher	too expensive
trop court	too short
trop étroit	too tight, too narrow
trop grand	too big
trop large	too wide
cassé	broken
coincé	jammed, stuck
crevé	punctured
déchiré	torn
déçu	disappointed
désolé	very sorry

en panne .... broken down, not working
gentil, gentille.............. kind
impossible .... impossible
mauvais .... bad
possible .... possible
pratique .... practical
prêt .... ready
propre........................... clean, own
rétréci........................... shrunk
sale .... dirty
solide........................... strong, solid

Qu'est-ce qui ne marche pas?
What is broken/not working?

l'appareil-photo (m) .... camera
la lampe électrique....... torch
le lave-linge................. washing machine
le lave-vaisselle .... dishwasher
la montre .... watch
l'ordinateur (m) .... computer
la platine-laser .... CD player

A qui faut-il téléphoner?
Who shall I ring?

l'électricien (m)........... electrician
le garagiste .... garage owner
le gérant .... manager
le mécanicien.............. mechanic
le plombier .... plumber
le propriétaire.............. owner

Des verbes utiles   Useful verbs

acheter † .... to buy
ajouter .... to add
apporter .... to bring
casser........................... to break
choisir .... to choose
coûter .... to cost
désirer .... to want
détester........................ to hate
emballer .... to wrap up

faire un paquet-cadeau *irreg* ..to gift wrap
laisser tomber .... to drop
marcher........................ to work, function
prendre *irreg* .... to take
préparer........................ to prepare
promettre *irreg* .... to promise
raccommoder .... to mend
réparer.......................... to repair
reprendre *irreg* .... to take back
revenir* *irreg* .... to come back
suffire *irreg* .... to be enough
vérifier .... to check
vouloir *irreg* .... to wish, want

accepter........................ to accept
calculer .... to add up
compter........................ to count
critiquer........................ to criticise
déchirer........................ to tear, rip
devoir *irreg* .... to owe
diviser .... to divide
emprunter..................... to borrow
être remboursé *irreg* .... to get one's money back
faire nettoyer *irreg* ...... to have cleaned
faire réparer *irreg* .... to have mended
fier .... to trust, entrust
fixer .... to fix
garantir......................... to guarantee
garder le reçu .... to keep the receipt
se maquiller*.............. to put on make-up
mesurer .... to measure
nettoyer à sec †........... to dry-clean
offrir *irreg*.................. to offer, give (present)
peser †......................... to weigh
se plaindre* *irreg* .... to complain
plaire *irreg* .... to please
préférer † .... to prefer
proposer .... to suggest
prouver........................ to prove
rétrécir .... to shrink

Phrases

Vous dites:

Pardon, y a-t-il une pharmacie près d'ici? *Excuse me, is there a chemist nearby?*

Est-ce que vous vendez..? *Do you sell...?*

Avez-vous **du** sucre, **de la** farine, **de l'**huile d'olive, **des** œufs? *Have you any sugar, flour, olive oil, eggs?*

Je préférerais... *I would prefer...*

Je prendrai ceci *I'll take this*

Ça coûte combien? *How much is it?*

Je vous dois combien? *How much do I owe you?*

Faut-il passer à la caisse? *Do I have to pay at the cash desk?*

Je n'ai pas de monnaie *I have no change*

Je n'ai qu'un billet de cinq cents francs *I've only got a 500 franc note*

Est-ce que je peux essayer ce tricot, s'il vous plaît? *May I try on this jumper, please?*

C'est trop grand/trop étroit/trop petit *It's too big/too tight/too small*

Est-ce que je peux utiliser ma carte de crédit? *May I pay by credit card?*

Pouvez-vous me faire un paquet-cadeau, s'il vous plaît? *Can you gift-wrap it for me, please?*

C'est tout, merci *That's all, thank you*

Le vendeur/La vendeuse dit:

C'est à qui maintenant? *Who is next?*

Qu'est-ce que vous voulez? *May I help you?*

Et avec ça? *Anything else?*

Avez-vous de la monnaie? *Have you any change?*

Quelle est votre taille? *What size are you? (clothes)*

Quelle pointure faites-vous? *What size do you take? (shoes)*

Des problèmes:

Je crois qu'il y a une erreur *I think there has been a mistake*

Je voudrais échanger cette jupe *I would like to change this skirt*

J'ai gardé le reçu *I have kept the receipt*

La couleur ne me va pas *The colour does not suit me*

Excusez-moi, ces chaussettes ne sont pas de la même grandeur *Excuse me, these socks are different sizes*

J'ai suivi les instructions pour le lavage, mais ce tricot a rétréci *I followed the washing instructions, but this jumper has shrunk*

Cette montre ne marche plus *This watch doesn't go any more*

61

DES SERVICES PUBLICS

A la poste — At the post office

l'adresse (f) .... address
la boîte aux lettres .... letter box
le bureau de poste .... post office
la carte postale .... postcard
le colis .... parcel
le courrier .... post, mail
le facteur .... postman
le formulaire .... form
le guichet .... counter position
le jour .... day
la lettre .... letter
la levée du courrier ...... postal collection
le mandat postal .... postal order
la pièce de dix francs ... a ten franc coin
la prochaine levée .... the next collection
la dernière levée .... the last collection
le paquet .... parcel
la poste .... post office
poste restante .... post to be collected
la semaine .... week
le tabac .... tobacconists
le tarif normal .... first class post
le tarif réduit .... second class post
la télécarte de 50 unités ... 50 unit phone card
le timbre .... stamp

à l'étranger .... abroad
bien .... well
combien .... how much? how many?
combien de temps? ...... how long?
en recommandé .... by registered post
par avion .... by air mail
perdu .... lost
urgent .... urgent

A la banque — At the bank

l'argent (m) .... money
la banque .... bank
le billet de cent francs .. 100 franc note

le bureau de change ..... exchange office
la caisse .... till
la carte bancaire .... bank card
la carte de crédit .... credit card
le centime .... centime
le chèque (de voyage) .. (travellers') cheque
le chéquier .... cheque book
la commission .... commission
le distributeur de billets ....cash machine
l'eurochèque (m) .... Eurocheque
le franc .... franc
la livre sterling .... £ sterling
la monnaie .... change, currency
le numéro de compte ... account number
le passeport .... passport
la pièce d'identité .... ID
pour cent .... per cent
le taux de change .... exchange rate

Des verbes utiles — Useful verbs

accepter .... to accept
changer † .... to change
compter .... to count
distribuer le courrier .... to deliver the post
entrer* dans .... to go into
envoyer † .... to send
faire une erreur *irreg* ... to make a mistake
passer* à la caisse .... to go to the cash desk
poster .... to post
prendre une commission *irreg*
.... to charge commission
mettre à la poste *irreg* .. to post
ré-expédier .... to send on
remplir la fiche .... to fill in the form
signer .... to sign
sortir* de *irreg* .... to go out of
téléphoner .... to phone
toucher un chèque .... to cash a cheque
toucher un mandat .... to cash a postal order
utiliser .... to use
valoir *irreg* .... to be worth

Des objets trouvés Lost property

l'appareil-photo (m) .... camera
la bicyclette .... bicycle
la caméra .... video camera
le carnet de chèques ..... cheque book
la clé .... key
le parapluie .... umbrella
le portefeuille .... wallet
le porte-monnaie .... purse
le sac à dos .... rucksack
le sac à main .... handbag
la valise .... case
le vélo .... bike

il y a ....dedans .... there is ....in it

la couleur .... colour
la date .... date
la description .... description
le dommage .... damage
la fiche .... form
la forme .... shape
la marque .... make
le passeport .... passport
la pièce d'identité .... ID
la récompense .... reward

le règlement .... settlement
une sorte de .... a sort of
la taille .... size

For materials see page 58

Des verbes utiles	Useful verbs
aller* *irreg*	to go
chercher	to look for
descendre*	to go down
déposer	to put down
laisser	to leave
laisser tomber	to drop
montrer	to show
offrir *irreg*	to offer
oublier	to forget
perdre	to lose
poser	to put
remplir	to fill in
signaler	to report
trouver	to find
voler	to steal
voyager †	to travel

For telephone words see page 76
For money words see page 77
For other office words see page 73

Phrases

Je voudrais envoyer ce colis au Royaume-Uni *I would like to send this parcel to UK*

Une lettre pour la Grande-Bretagne, ça coûte combien? *How much does it cost to send a letter to Britain?*

Cinq timbres à trois francs, s'il vous plaît *Five stamps at 3 francs, please*

J'ai perdu mon appareil-photo *I've lost my camera*

Je l'ai laissé dans le train *I left it in the train*

On m'a volé mon porte-monnaie *I've had my purse stolen*

Faut-il aller au poste de police? *Do I have to go to the police station?*

Je ne suis pas d'ici *I am not from this area*

Je suis en vacances *I am on holiday*

LES TRANSPORTS

Les généralités   General

l'accueil (m) .... welcome, reception
l'arrivée (f) .... arrival
à l'étranger .... abroad
le congé .... annual holiday, leave
le départ .... departure
le jour férié .... public holiday
le trajet .... journey
les vacances (f) .... holidays
le voyage .... journey

Les moyens de transport
Means of transport

l'aéroglisseur (m) .... hovercraft
l'autobus (m) .... bus
l'avion (m) .... plane
la bagnole .... banger (car)
la bicyclette .... bicycle
le camion .... lorry
la camionnette .... van
le car .... coach
l'hélicoptère (m) .... helicopter
l'hovercraft (m) .... hovercraft
l'hydroglisseur (m) ...... hydrofoil
le jet .... jetfoil
le métro .... underground, metro
la motocyclette .... moped
la moto .... motorbike
le train .... train
le tramway .... tram
les transports en commun public transport
le vélo .... bike
le vélomoteur .... moped
le VTT (vélo tout terrain) mountain bike
la voiture .... car

Les gens   People

l'agent de police (m).... policeman
l'automobiliste (m, f)... motorist
le camionneur .... lorry driver

le chauffeur .... driver
le conducteur, la conductrice .. driver
le, la cycliste .... cyclist
le contrôleur .... ticket collector
le garagiste .... garage owner
l'hôtesse de l'air (f) ..... air stewardess
le mécanicien .... mechanic
le passager, la passagère ... passenger
le piéton, la piétonne ... pedestrian
le pilote .... pilot
le, la pompiste .... pump attendant
le porteur .... porter
le routier .... long-distance lorry driver
le steward .... steward (plane)
le, la touriste .... tourist
le voyageur, la voyageuse.... traveller

On prend le train   Train travel

un aller simple .... a single ticket
un aller-retour .... a return ticket
l'arrivée (f) .... arrival
les bagages (m) .... luggage
le billet .... ticket
le buffet .... buffet (car)
le bureau de réservation....ticket office
le changement d'horaire ...timetable change
le centre d'accueil .... reception
le chemin de fer .... railway
la deuxième classe .... second class
la première classe .... first class
la consigne (automatique)
.... left luggage (lockers)
les correspondances (f) connections
la couchette .... sleeper, couchette
le départ .... departure
la destination .... destination
l'express (m) .... express train
le (non-)fumeur .... (non-)smoker
la gare SNCF .... railway station
le guichet .... ticket office

l'horaire (m) .... timetable
l'omnibus (m) .... stopping train
le quai .... platform
le rapide .... express
les renseignements (m) information
la réservation .... reservation
le retard .... delay
la salle d'attente .... waiting room
la station de taxis .... taxi rank
le TGV .... high speed train
le train .... train
la voie .... track
la voiture .... carriage
le wagon-lit .... sleeping car
le wagon-restaurant ..... dining car

On prend le bus ou le tramway
Bus or tram travel

l'automate (m) .... ticket vending machine
l'arrêt (m) .... bus stop
le carnet .... book of tickets
le composteur .... ticket validating machine
la gare routière .... coach station
le haut-parleur .... loudspeaker
la ligne .... line, route
le mini-carnet .... book of five tickets
le numéro .... number
le tarif .... fare
le ticket .... ticket

à direction de .... going to
en provenance de .... coming from

On traverse la Manche
Crossing the Channel

le bateau .... boat
le car-ferry .... car ferry
la gare maritime .... ferry terminal
le mal de mer .... seasickness
la mer .... sea

la navette .... shuttle
le port .... port
la traversée .... crossing
le tunnel sous la Manche . Channel Tunnel

agité .... rough
calme .... smooth
à l'heure .... on time
en retard .... late

On prend l'avion   Flying

• l'aérogare (f) .... air terminal
l'aéroport (m) .... airport
l'appel (m) .... call
l'atterrissage (m) .... landing
l'avion (m) .... plane
l'avion géant (m) .... jumbo jet
la cabine .... cabin
la ceinture de sécurité .. seat belt
la classe touriste .... tourist class
l'embarquement (m) .... boarding
la ponctualité .... punctuality
la porte .... gate
le retard .... delay
le terminal .... terminal
les terminaux (m) .... terminals
le vol .... flight

On roule en voiture
Going by car

l'autoroute (f) .... motorway
Bis .... holiday route
le réseau autoroutier .... motorway network
la route nationale (RN) main road
la (route) départmentale (D)
.... secondary road

l'aire de repos (f) .... picnic area
le bouchon .... traffic jam
le carrefour .... crossroads
la carte (routière) .... map
la chaussée .... roadway
la déviation .... diversion

le danger	danger
l'embouteillage (m)	traffic jam
les feux (m)	traffic lights
la fin	end
la fumée	smoke
le garage	garage
les heures de pointe (f)	rush hour
l'huile (f)	oil
le numéro	number
le parking	car park, parking
la pièce d'identité	ID
le poids lourd	HGV, lorry
la retenue	hold up, delay
la station-service	petrol station
le stationnement	parking
les toilettes (f)	toilets
les travaux (m)	roadworks
le virage	bend
la vitesse	speed

l'assurance (f)	insurance
l'auto-école (f)	driving school
la bande médiane	central reservation
le casque	helmet
le code de la route	highway code
le disque de stationnement	parking disc
le passage protégé	right of way
le péage	toll
le permis de conduire	driving licence
la police d'assurance	insurance policy
la priorité	priority
le ralentissement	slow moving traffic
le rond-point	roundabout
la sécurité école	crossing patrol
la signalisation au sol	road markings
la signalisation routière	road signs
le trottoir	pavement

Ma voiture est en panne
My car has broken down

la batterie	battery
le bruit	noise

la clé de voiture	car key
la crevaison	puncture
le dépannage	breakdown service
le frein	brake
la marque	make
le moteur	engine
la panne	breakdown
le pare-brise	windscreen
le phare	headlight
le pneu	tyre
la portière	door
le pot d'échappement	exhaust pipe
le réservoir	petrol tank

l'accélérateur	accelerator
l'aile (f)	wing
l'arrière (m)	back
l'avant (m)	front
la boîte de vitesses	gearbox
le capot	bonnet
la ceinture de sécurité	seat belt
le clignotant	indicator light
le coffre	boot
l'embrayage (m)	clutch
les essuie-glaces (m)	windscreen wipers
les feux arrière (m)	rear lights
le klaxon	horn
les pare-chocs (m)	bumpers
la pièce de rechange	spare part
le pot catalytique	catalytic converter
le radiateur	radiator
le rétroviseur	rear view mirror
la roue (de secours)	(spare) wheel
la serrure	lock
le siège	seat
les vitesses (f)	gears
la vitre	window
le volant	steering wheel

Des verbes utiles   **Useful verbs**

attendre	to wait for
s'arrêter* net	to stop dead
crever †	to burst (tyre)

dépanner...................... to fix, repair
fonctionner .... to work
marcher .... to work
réparer .... to repair
téléphoner à .... to phone
tousser .... to cough
tomber* en panne .... to break down

A la station-service
At the petrol station

l'air (m)....................... air
l'anti-gel (m) .... anti-freeze
le bidon d'huile .... can of oil
la boisson .... drink
le carburant.................. fuel
la carte......................... map
l'eau (f) .... water
l'essence (f) .... petrol
l'essence sans plomb (f)... unleaded petrol
le gasoil, gasole .... diesel
l'huile (f)..................... oil
le litre.......................... litre
le niveau...................... level
le, la pompiste .... pump attendant
la pression des pneus ... tyre pressure
le super........................ leaded petrol
le super sans plomb ..... super unleaded

Un accident   An accident

Les gens   People
l'agent de police (m).... policeman
l'ambulancier (m)........ ambulance driver
l'automobiliste (m)...... car driver
le, la cycliste................ cyclist
le docteur..................... doctor
l'infirmier (m), l'infirmière (f)
.... nurse
le, la motocycliste........ motorcyclist
le passant..................... passer-by
le piéton, la piétonne.... pedestrian
Monsieur l'agent.......... "officer"
le responsable .... the leader

le sapeur-pompier........ fireman
le témoin .... witness

Les généralités   General
l'accident de voiture (m) . car accident
l'adresse (f) .... address
l'alcootest (m) .... breath test
l'ambulance (f)............ ambulance
le brancard .... stretcher
le car .... coach
le carambolage .... pile-up
le choc......................... impact
le code de la route .... highway code
la collision................... collision
le commissariat .... police station
le constat .... statement
le consulat .... consulate
le danger .... danger
le dommage................. damage
l'excuse (f) .... excuse
la faute .... fault
la gendarmerie............. police station
la permission .... permission
la police....................... police
Police-secours .... police rescue service
le poste de police......... police station
les premiers secours (m).. first aid
le problème .... problem
la priorité.................... priority
le risque....................... risk
le SAMU .... mobile emergency unit
le sens .... direction
le véhicule................... vehicle

For weather words see page 49

C'est grave?   Is it serious?
blessé .... injured
commotionné............... in shock
désolé.......................... sorry
faux, fausse .... false, wrong
grave .... serious
inquiet, inquiète........... anxious

lentement...................... slowly	passer .... to pass (time)
mort............................. dead	prendre l'avion *irreg* ... to fly (person)
sans connaissance .... unconscious	stationner .... to park
surprenant.................... surprising	
urgent .... urgent	arriver* .... to arrive
vite .... quickly	attendre .... to wait (for)
	changer †.................... to change

Exclamations   **Exclamations**

Attention! .... Look out!	contrôler..................... to examine, check
Mon Dieu!................... My goodness!	descendre* (de) .... to get off/out of
Pardon!........................ Sorry!	s'installer*.................. to find a seat
D'accord! .... OK, Agreed!	manquer .... to miss
Hélas!.......................... Alas!	monter* (dans) .... to get on/into
Tant mieux!................. So much the better!	partir* (de) *irreg* .... to leave (from)
Tant pis! .... Never mind!	prendre le train *irreg* ... to catch the train
Tiens! .... Oh!	rater............................ to miss (train)
Au feu! .... Fire!	voyager en train †........ to go by train
Au secours! .... Help!	
	allumer les phares........ to switch on the

Des verbes utiles   **Useful verbs**

acheter †...................... to buy	headlights
aller**irreg* .... to go	arrêter le moteur.......... to switch off the engine
aller* à pied *irreg* .... to walk, go on foot	s'arrêter*..................... to stop
aller* chercher *irreg* .... to fetch	brûler un feu................ to jump the lights
atterrir .... to land	changer de vitesse †..... to change gear
avancer †..................... to go forward	freiner .... to brake
chercher...................... to look for	heurter......................... to crash
circuler .... to go (vehicle)	se heurter* contre........ to crash into
composter.................... to time stamp a ticket	klaxonner .... to sound the horn
conduire *irreg*.............. to drive	mettre le moteur en marche *irreg*
consulter..................... to consult	.... to start the engine
décoller .... to take off (plane)	ralentir .... to slow down
dépasser...................... to overtake	reculer......................... to reverse
doubler .... to overtake	rentrer* .... to return home
durer............................ to last	rouler .... to drive, travel (in a car)
faire le plein *irreg*........ to fill up with petrol	sortir* *irreg* .... to go out
gonfler les pneus.......... to pump up the tyres	se trouver* .... to be situated
laver le pare-brise........ to wash the windscreen	se renseigner* (sur) ..... to find out (about)
louer............................ to hire	renverser .... to knock over
marcher .... to walk	tomber* en panne........ to break down
monter* sur le pont...... to go up on deck	traverser .... to cross

---

Phrases

Le train part du quai numéro huit *The train leaves from platform 8*

Le train part à midi et demi *The train leaves at 12.30, midday*

Faut-il changer de train? *Do I have to change?*

Je voudrais un aller-retour de deuxième classe, s'il vous plaît *I would like a second class return, please*

Où est-ce que je peux stationner? *Where can I park?*

Trente litres de sans-plomb, s'il vous plaît *30 litres of lead-free, please*

Ma voiture est tombée en panne *My car has broken down*

Le moteur ne veut pas démarrer *The engine will not start*

Je vais prendre l'avion de Londres à Nantes *I shall fly from London to Nantes*

LA FORMATION ET LE TRAVAIL

Les examens et après
Exams and afterwards

Les généralités	**General**
l'examen blanc (m)	mock exams
la concentration	concentration
l'examen (m)	examination
l'épreuve écrite (f)	written test
l'épreuve orale (f)	speaking test
la note	mark
la note d'admission	pass mark
la question	question
la réponse	answer
la bonne réponse	right answer
la mauvaise réponse	wrong answer
le travail	work

Les gens	**People**
l'apprenti (m)	apprentice
l'apprentie (f)	apprentice
le candidat	candidate
l'étudiant (m)	student
l'étudiante (f)	student
l'examinateur (m)	examiner
l'examinatrice (f)	examiner

le professeur	teacher
le, la stagiaire	trainee

Des adjectifs	**Adjectives**
amusant	amusing, "fun"
ennuyeux, ennuyeuse	boring
individuel, individuelle	individual
difficile	difficult
dernier, dernière	last
en groupe	as a group
prochain	next

Des verbes utiles	**Useful verbs**
étudier	to study
échouer à un examen	to fail an exam
être reçu à un examen *irreg*	to pass an exam
faire ses études *irreg*	to study
passer un examen	to take an exam
rater un examen	to fail an exam
répondre à la question	to answer the question
réviser	to revise
se préparer* pour	to prepare for
travailler	to work

On passe en première et terminale
Going into the Sixth Form

le bac............................ A level equivalent
le brevet .... GCSE equivalent exam
le BEPC (brevet d'études du premier cycle)
.... GCSE equivalent exam
l'enseignement (m)...... teaching
les langues (f) .... languages
les études scientifiques (f)
.... scientific studies
les études littéraires (f) literary studies
le lycée........................ tertiary college
le lycée technique .... technical school
le niveau...................... level
les sciences (f) .... sciences

Les études supérieures
Higher education

le conservatoire .... academy of
performing arts
l'école militaire (f) ...... army college
l'école navale (f) .... navy college
la faculté des lettres ..... faculty of arts

la faculté de médecine. medical school
la faculté des sciences.. faculty of Science
la licence..................... degree
l'université (f) .... university

La formation   Training

l'apprentissage (m)...... apprenticeship
la concurrence............. competition
les cours du soir (m).... evening classes
la formation des jeunes youth training scheme
la formation professionnelle
.... vocational training
le stage de formation ... training scheme

Des verbes utiles   Useful verbs

avoir de bonnes références *irreg*
.... to have good references
faire un stage de formation *irreg*
.... to go on a training course
obtenir un diplôme *irreg*...to graduate
préparer un diplôme .... to read for a degree
recevoir une formation *irreg*
.... to receive training

CHERCHER UN EMPLOI

Les généralités   General

les affaires (f) .... business
la carrière .... career
le chômage .... unemployment
le commerce................ trade
l'emploi temporaire (m) .....temporary work
l'emploi à mi-temps (m) .....part-time work
l'emploi à plein temps (m)..full-time work
l'équipe (f) .... team
le permis de conduire... driving licence
le personnage.............. personality, character
le poste .... post, job
la rémunération........... pay

le salaire...................... salary
la situation.................. situation, job
la somme d'argent....... sum of money

On pose sa candidature
Applying for a job

le curriculum vitæ .... CV, curriculum vitæ
la date de naissance ..... date of birth
les diplômes (m).......... degree
l'écriture (f)................. handwriting
la lettre....................... letter
le lieu de naissance...... place of birth
le métier .... profession
le nom........................ surname

l'orthographe (f) .... spelling
le prénom .... first name
les qualifications professionnelles (f)
.... professional qualifications
la situation de famille .. family status

Des verbes utiles   **Useful verbs**
accuser réception de..... to acknowledge
                     receipt of a letter
conseiller .... to advise
distribuer .... to give, hand out
faire un stage *irreg* .... to do work experience
travailler .... to work

Les gens   People

l'apprenti (m) .... apprentice
l'apprentie (f) .... apprentice
le chômeur.................... unemployed person
la chômeuse................. unemployed person
le, la collègue .... colleague
le directeur .... director, manager
le directeur commercial ... sales manager
le directeur du personnel
.... personnel director
le directeur du marketing
.... marketing director
la direction .... management
l'employé(e) (m)(f) ..... employee
l'employeur (m) .... employer
le chef d'entreprise ...... person in charge of
                     business
le chef du personnel..... personnel manager
le chef des ventes......... sales manager
le, la gréviste .... striker
le patron, la patronne ... boss
le patronnat.................. employers
le, la secrétaire............ secretary
le, la stagiaire .... trainee
le, la syndicaliste .... trade unionist

Les métiers   Jobs

Des professions   **Professions**
l'assistant social (m) .... social worker

l'assistante sociale (f) .. social worker
l'avocat (m)................. lawyer
le comptable................ accountant
le concepteur, la conceptrice
.... designer
le, la dentiste .... dentist
le dessinateur, la dessinatrice
.... designer
le directeur, la directrice.. director
le directeur, la directrice.. headteacher
le docteur .... doctor
le, la fonctionnaire........... civil servant
l'homme de science (m) .. scientist
l'homme politique (m) politician
l'infirmier (m) .... nurse
l'infirmière (f) .... nurse
l'informaticien (m) ...... computer scientist
l'informaticienne (f) .... computer scientist
l'ingénieur (m) .... engineer
l'instituteur (m) .... primary teacher
l'institutrice (f) .... primary teacher
le, la journaliste........... journalist
le médecin................... doctor
le musicien, la musicienne
.... musician
le peintre .... painter
le professeur................ teacher (secondary)
le programmeur........... programmer
la programmeuse......... programmer
le, la vétérinaire........... vet

D'autres professions   **Other professions**
l'animateur (m), l'animatrice (f)
.... organiser, presenter
l'architecte (m)............ architect
l'architecte d'intérieur (m)
.... interior designer
le, la bibliothécaire...... librarian
le chercheur,................ research worker
la chercheuse............... research worker
le chirurgien .... surgeon
l'écrivain (m) .... writer
l'expert consultant (m) consultant

l'interprète (m, f) .... interpreter
le, la kinésithérapeute .. physiotherapist
le, la météorologiste .... meteorologist
le, la scientifique .... scientist

Dans la grand-rue   In the high street
l'agent de voyages (m) .... travel agent
l'agent immobilier (m) .... estate agent
le boucher, la bouchère .... butcher
le boulanger, la boulangère
.... baker
le caissier, la caissière ...... till operator, cashier
le charcutier, la charcutière
.... pork butcher
le coiffeur, la coiffeuse .... hairdresser
le commerçant .... shopkeeper
la commerçante .... shopkeeper
le, la fleuriste.............. florist
le garagiste .... garage owner
l'hôtelier(m), l'hôtelière (f)
.... hotelier
le marchand de fruits ... fruitseller
le marchand de journaux.. newsagent
le marchand de légumes... greengrocer
le pharmacien .... chemist
la pharmacienne.......... chemist
le, la photographe .... photographer
le poissonier .... fishmonger
le vendeur, la vendeuse ... sales assistant

Des ouvriers qualifiés Skilled workers
l'artisan (m)................ craftsman
le charpentier.............. carpenter
le cuisinier, la cuisinière .. cook
la dactylo.................... typist
l'électricien (m).......... electrician
l'employé de bureau (m).. office worker
l'employée de bureau (f).. office worker
la femme d'affaires.......... business woman
l'homme d'affaires (m).... businessman
le jardinier .... gardener
le maçon..................... builder
le mécanicien.............. mechanic

le plombier................. plumber
le, la secrétaire .... secretary
le serveur, la serveuse.. waiter, waitress
le technicien .... technician
la technicienne .... technician

D'autres métiers   Other occupations
l'agent de police (m) ... policeman
l'agriculteur (m).......... farmer
l'ambulancier (m)........ ambulance driver
l'arbitre (m)................ referee
le cadre, la femme cadre...executive
le camionneur...................lorry driver
le chanteur, la chanteuse...singer
le chauffeur d'autobus......bus driver
le chauffeur de taxi...... taxi driver
le chef .... chef; boss
le, la concierge .... caretaker
le diéticien, la diéticienne
.... dietician
le facteur, la factrice.... postman, postwoman
le fermier, la fermière.. farmer
le garçon de café .... waiter
le gendarme................ policemen
l'hôtesse de l'air (f) ..... air hostess
le maître nageur........... lifeguard
le marin/le matelot ...... sailor
la mère au foyer .... housewife
le militaire.................. soldier
le mineur.................... miner
le moniteur, la monitrice ..instructor
l'ouvrier (m), l'ouvrière (f)
.... worker
le pêcheur................... fisherman
le pilote .... pilot
le pompier .... fireman

Le lieu de travail   The workplace

le bureau .... office
l'école (f) .... school
l'entreprise (f) .... firm
l'hôpital (m) .... hospital
le laboratoire .... laboratory

le magasin .... shop
l'usine (f) .... factory

à l'extérieur .... outdoors
à l'intérieur .... indoors

For list of shops see page 53
For list of places of education see page 1
For list of other buildings see page 46

Au bureau   In the office

l'agenda (m) .... diary
l'agrafe (f) .... staple
l'agrafeuse (f) .... stapler
l'annuaire (m) .... phone book
le courrier .... post, mail
l'encre (f) .... ink
l'enveloppe (f) .... envelope
la fiche .... form
la feuille de papier .... sheet of paper
le formulaire .... form
l'ordinateur (personnel) (m)
.... PC, computer
le numéro de téléphone.... phone number
le numéro de fax .... fax number
le numéro de télécopie. fax number
le rendez-vous .... appointment
le répondeur .... answering machine
le rétro-projecteur .... overhead projector
la réunion .... meeting
le syndicat .... union
la télécopie .... fax
la télécopieuse .... fax machine
le timbre .... stamp
For other IT words see page 33

Des panneaux   Signs and Notices

accueil (m) .... reception
danger (de mort) .... danger
défense d'entrer .... no entry
défense de fumer .... no smoking
entrée (f) .... entrance
Femmes (f) .... ladies' toilets

fermé .... closed
Hommes (m) .... men's toilets
ouvert .... open
poussez .... push
réception (f) .... reception
sortie (f) .... way out, exit
sortie d'usine (f) .... factory gate
sortie de secours (f) ..... emergency exit
secrétariat (m) .... secretary
tirez .... pull

Les avantages, les inconvénients
Advantages and disadvantages

de petits boulots (m) .... jobs with no security
les heures de travail (f) hours of work
le travail à la chaîne..... assembly line work
le travail assis .... a sitting down job
le travail à l'extérieur .. outdoor work
le travail à l'intérieur ... indoor work

Des verbes utiles   **Useful verbs**
acquérir de l'expérience *irreg*
.... to broaden one's experience
aider les gens............... to help people
alléger le chômage †
.... to relieve unemployment
assister aux accidents... to go to the scene of
             accidents
avoir beaucoup de contacts humains *irreg*
...........to have a lot of contact with people
s'enrichir* .... to get rich
entrer les données sur l'ordinateur
.... to key in data
être isolé *irreg* .... to be isolated
faire des recherches *irreg*. to do research
s'occuper* de la conservation
.... to work for conservation
porter un uniforme ...... to wear uniform
recevoir des pourboires *irreg* ... to get tips
travailler à temps complet
.... to work full-time
travailler à temps partiel .. to work part-time
travailler en plein air ... to work outdoors

travailler pour soi .... to work for oneself
travailler avec des chiffres
.... to work with figures
travailler jour et nuit.... to work day and night
travailler le weekend.... to work weekends
travailler le soir .... to work evenings
utiliser un ordinateur ... to use a computer
utiliser une machine de traitement de texte
.... to use a word processor
voyager autour du monde †
.... to travel round the world

Des qualités   Qualities

la bonne santé............. good health
l'habileté manuelle (f) . dexterity
l'intelligence (f)........... intelligence
le jugement.................. judgement
la patience .... patience
la politesse.................. politeness
la résistance à la fatigue... not easily tired
le sens artistique .... artistic sense
le sens de l'humour......... sense of humour

expérimenté................ experienced

honnête .... honest
intelligent.................... intelligent
patient .... patient
poli .... polite
travailleur, travailleuse hard-working

Des verbes utiles   Useful verbs
arriver* à l'heure......... to arrive on time
arriver* en retard......... to be late
coopérer .... to cooperate
être au chômage *irreg* .. to be unemployed
être bien organisé *irreg* to be well-organised
être bien habillé *irreg* .. to be well-dressed
faire la grève *irreg*....... to go on strike
faxer........................... to fax, send a fax
gagner .... to earn
s'intéresser* à l'informatique
.... to be interested in IT
licencier .... to lay off, make redundant
prendre la retraite *irreg* to retire
respecter les clients...... to have respect for the
                              customer
travailler...................... to work

Phrases

Qu'est-ce que tu vas faire l'année prochaine? *What are you going to do next year?*
Je vais quitter l'école *I'm going to leave school*
Je vais travailler comme maçon avec mon père *I'm going to work as a builder with my father*
Je serai apprenti(e) *I am going to do an apprenticeship*
Je vais étudier les langues modernes *I'm going to do modern languages*
Je voudrais aller à l'université *I would like to go to university*

LA PUBLICITÉ

Où voit-on de la publicité?
Where do you find advertising?

le catalogue .... catalogue
la colonne Morris......... advertising pillar
le journal .... newspaper
le panneau publicitaire..... hoarding
la radio .... radio
la revue....................... magazine
la télévision .... television

Les généralités   General

l'appartement (m) .... flat
la fraîcheur .... freshness
le gîte .... holiday home
le jeu de mots .... pun, play on words
la location.................... hiring, hire
la maison .... house
le mariage.................... marriage
la mort........................ death
la naissance.................. birth
la perte de temps.......... waste of time
les petites annonces (f).....small ads
le plaisir...................... pleasure
les prix bas (m) .... low prices
les prix intéressants (m) ... good value
les produits (m) .... products
la récompense.............. reward
le slogan publicitaire.... advertising slogan
les vacances (f) .... holidays
la valeur...................... value
le vélo......................... bike
le VTT........................ mountain bike
la vente....................... sale
la vitesse..................... speed
la voiture .... car

Des adjectifs   Adjectives

à louer .... for hire
à vendre...................... for sale
beaucoup pour peu ...... a lot for little
bon marché.................. cheap
divertissant .... amusing
instructif..................... instructive
intéressant .... interesting
intéressant .... good value (price)
moins cher................... less expensive
nouveau, nouvel, nouvelle..new
neuf, neuve.................. brand new
d'occasion .... second hand
prix à débattre .... price negotiable
en promotion............... on specialoffer
en solde .... in the sales
stupide........................ stupid
utile............................ useful

A mon avis   In my opinion

Ça m'agace .... It makes me angry
Ça me divertit.............. I find it funny
Ça m'ennuie................ I find it boring
Ça m'énerve................ It gets on my nerves
Ça me fait rire .... It makes me laugh

Des verbes utiles   Useful verbs

acheter † .... to buy
créer des désirs............ to create a desire
désirer .... to want
échanger † .... to exchange
louer........................... to rent, hire
offrir *irreg* .... to offer
perdre......................... to lose
profiter de .... to take advantage of
rechercher .... to research
retrouver..................... to find again, get back
vendre .... to sell

ON TÉLÉPHONE

Les généralités   General

l'annuaire (m).............. directory
l'appel d'urgence (m) .. emergency call
la cabine téléphonique ..... call box
le chiffre...................... figure, number
le correspondant .... caller
le coup de téléphone.... phone call
le coup de fil............... phone call
le courrier électronique.... e-mail
l'écouteur (m).............. handset
le faux numéro .... wrong number
la fente .... slot
l'indicatif (m).............. code
le minitel® .... home terminal of
                     France Télécom®
le numéro .... number
le numéro de fax.......... fax number
la pièce....................... coin
le PCV....................... transfer charge call
le récepteur................. receiver
le répondeur .... answering machine
le service de renseignements
             .... directory enquiries
le, la standardiste........ operator
le tarif......................... rate, charge
la télécarte .... phonecard
la télécopieuse .... fax machine
le téléphone portable.... mobile phone
le téléphone public....... payphone
la tonalité.................... dialling tone

À l'appareil .... "It's me"
                   (on the phone)
Attendez la tonalité...... Wait for the dialling
                   code
Composez le 17 .... Dial 17
                   (Police, Ambulance)

Composez le 18.......... Dial 18 (Fire)
en dérangement .... out of order
le numéro à deux chiffres .two figure number
Ne quittez pas.............. Hold the line
occupé........................ busy, engaged

For numbers see page 91

Où peut-on acheter une télécarte?
      Where can I get a phonecard?

au tabac....................... at the tobacconist's
à la poste .... at the post office
au kiosque à journaux.. at the news stand
à la maison de la presse at the newsagent's

Des verbes utiles   Useful verbs

acheter †...................... to buy
appeler † .... to call
appeler en PCV † .... to make a transfer
                   charge call
composer le numéro .... to dial the number
décrocher le combiné .. to lift the handset
demander .... to ask
écouter .... to listen
être abonné *irreg* .... to be on the phone
être coupé *irreg* .... to be cut off
être sur la liste rouge *irreg*..to be ex-directory
laisser un message .... to leave a message
laisser un mot.............. to leave a message
se munir* de................ to provide oneself with
obtenir un numéro par le minitel® *irreg*
              ....to get a number through minitel ®
parler........................... to speak
raccrocher .... to hang up
rappeler † .... to call back
sonner .... to ring (of phone)
téléphoner .... to phone

Phrases

C'est un téléphone à carte? *Is it a cardphone?*

Allô, est-ce que je peux parler à David, s'il vous plaît? *Hello, may I speak to David, please?*

David à l'appareil *David speaking*

Voulez-vous laisser un mot? *Would you like to leave a message?*

On vous demande au téléphone *You are wanted on the phone*

Pour téléphoner au Royaume-Uni, faites 0044, puis l'indicatif de la région sans le zéro, et puis le numéro de la personne à qui vous téléphonez *To phone the UK, dial 0044, then the area code without the 0, and then the number of the person you are calling*

L'ARGENT

Les généralités　　General

l'argent (m) .... money
l'argent de poche (m)... pocket money
l'argent liquide (m)...... cash
le billet (de banque) ..... note
la devise .... currency
la monnaie .... change, currency
la pièce (d'argent)........ coin

le budget...................... budget
le coût de la vie .... cost of living
l'emprunt (m) .... loan
l'emprunt logement (m)... mortgage
l'inflation (f)............... inflation
la banque .... bank
la Bourse .... Stock Exchange
le bureau de change ..... exchange
la caisse d'épargne....... savings bank
le distributeur automatique de billets
.... cash dispenser
le point argent............. cash point

le carnet de chèques..... cheque book
la carte bancaire.......... banker's card
la carte de crédit .... credit card
le chèque .... cheque
le chèque de voyage..... travellers' cheque

le code secret............... PIN number
le compte courant .... current account
le compte d'épargne .... savings account
l'eurochèque (m) .... Eurocheque
le taux de change......... exchange rate

le dollar...................... dollar
le dollar canadien .... Canadian dollar
le franc....................... franc
le franc belge............... Belgian franc
le franc suisse............. Swiss franc
la livre sterling .... £, pound sterling
la livre irlandaise........ Punt, Irish pound

Des verbes utiles　　Useful verbs

acheter † .... to buy
avoir cours légal *irreg* . to be legal tender
changer † .... to change
dépenser .... to spend money
emprunter................... to borrow
être à découvert *irreg* .. to be in the red
faire des économies *irreg*. to save up
payer † .... to pay
prêter.......................... to lend
rembourser .... to pay back
valoir *irreg* .... to be worth

LES VACANCES ET LES EXCURSIONS

Les généralités   General

l'automne (m).............. autumn
la date.......................... date
l'été (m) .... summer
la fête nationale .... national holiday
l'hiver (m) .... winter
le jour.......................... day
le mois......................... month
la nuit .... night
le printemps................. spring
la semaine.................... week

Le tourisme   Tourism

la colonie de vacances ... summer camp
                              (children)
la demi-pension .... half board
l'échange (m) .... exchange
l'excursion (f).............. outing
la fête foraine .... funfair
le parc d'attractions ..... amusement park
le parc national .... national park
la pension complète ..... full board
le pique-nique.............. picnic
le prix.......................... price
la promenade............... walk
la randonnée .... long walk
la région .... region
la réserve .... safari park
le séjour....................... stay
le silence .... silence
le trajet .... journey
la traversée .... crossing
les vacances (f) .... holidays
la visite scolaire........... school trip
le voyage..................... journey

l'aéroport (m) .... airport
l'agence de voyages (f).... travel agent
l'auberge de jeunesse (f).. youth hostel
la banque..................... bank

le bureau de change..... exchange (currency)
le bureau de renseignements..information office
le camping................... camp site
la gare .... station
la gare routière .... coach station
le gîte .... self-catering flat, cottage
l'hôtel (m) .... hotel
l'office du tourisme (m) ...tourist office
la pension.................... boarding house
le port.......................... port
le syndicat d'initiative . information office

l'appareil photo .... camera
le caméscope .... camcorder
la caravane .... caravan
la carte d'adhérent....... membership card
la carte d'identité......... identity card
la carte de la région ..... map of the region
le chèque de voyage .... traveller's cheque
le dépliant .... brochure
le passeport .... passport
la photo .... photo
le plan de la ville......... town plan
le sac à dos.................. rucksack
la tente .... tent
la valise....................... case

Les gens   People

le chauffeur de car....... coach driver
le campeur................... camper
le garçon .... waiter
la mère aubergiste .... youth hostel warden
le patron...................... owner
la patronne .... owner
le père aubergiste .... youth hostel warden
le, la propriétaire .... owner
le, la réceptionniste...... receptionist
le, la responsable .... group leader
le surveillant de plage.. lifeguard
la surveillante de plage lifeguard

le, la touriste .... tourist
les vacanciers (m) .... holiday makers
le vendeur .... sales assistant
la vendeuse .... sales assistant

L'hébergement   Lodging

On fait un échange
           Going on an exchange
le correspondant .... penfriend
la correspondante .... penfriend
la famille anglaise .... English family
la famille française ...... French family
le professeur .... teacher

l'argent de poche (m) ... pocket money
le collège .... school
les cours (m) .... lessons
la cuisine anglaise .... English cooking
la cuisine française ...... French cooking
les devoirs (m) .... homework
la durée .... length (stay, lesson)
l'excursion (f) .... outing
les loisirs (m) .... free time
la nourriture .... food
le programme .... curriculum
les sports (m) .... sports
le trajet .... journey
l'uniforme scolaire (m) school uniform

comparer à .... to compare
faire contraste avec *irreg* . to contrast

L'auberge de jeunesse
           Youth hostel
le bureau .... office
la couverture .... blanket
la cuisine .... kitchen
le dortoir .... dormitory
le drap-sac .... sheet sleeping bag
l'eau chaude (f) .... hot water
le linge .... linen
la poubelle .... rubbish bin
la salle à manger .... dining room
la salle de séjour .... day room

Le camping   Campsite
les allumettes (f) .... matches
le bac à vaisselle .... washing up sink
le bloc sanitaire .... toilet block
la bouteille de gaz .... gas cyclinder
le branchement électrique ...electric hook-up
le bureau d'accueil ...... reception
le camping .... campsite, camping
le canif .... pocket knife
la caravane .... caravan
le carnet de camping .... camping carnet
la cuisinière à gaz .... gas cooker
la cuvette .... washing bowl
l'eau (non) potable (f) ..... (non) drinking water
l'électricité (f) .... electricity
l'emplacement (m) ...... pitch
le feu de camp .... camp fire
la lampe électrique ...... torch
le lave-linge .... washing machine
la laverie .... laundry
la lessive .... washing (clothes)
le lit de camp .... camp bed
la location de vélos ...... cycle hire
le matériel de camping ....camping equipment
la piscine (chauffée) .... (heated) swimming
                    pool
la piscine couverte .... indoor pool
la piscine en plein air ... open air pool
les plats à emporter (m)
                    ....cooked take-away meals
la prise de courant .... power point
les provisions (f).......... food
le sac de couchage .... sleeping bag
la salle de jeux .... games room
le supplément .... supplement
la tente .... tent
le véhicule .... vehicle

A l'hôtel   At a hotel
l'ascenseur (m) .... lift
le bain .... bath
la chambre .... room

la chambre pour deux personnes
.... double room
la chambre familiale .... family room
la clé............................ key
la douche .... shower
l'entrée (f) .... entrance
l'escalier (m) .... stairs
l'étage (m).................... storey, floor
la fiche .... form
le lit............................. bed
le grand lit .... double bed
le parking .... car park
le prix........................... price
la réception................. reception
le restaurant................. restaurant
le rez-de-chaussée........ ground floor
la salle de bains .... bathroom
la sortie (de secours).... (emergency) exit
le sous-sol.................... basement
le téléviseur .... TV set
les toilettes (f).............. toilets

l'armoire (f)................. wardrobe
le cintre .... coathanger
la couverture................ blanket
le drap .... sheet
l'oreiller (m)................ pillow
le savon .... soap
la serviette .... towel
le téléphone .... telephone

Pour combien de temps
                        For how long?
le jour........................... day
le mois......................... month
la nuit .... night
la quinzaine .... fortnight
la semaine.................... week

pour trois jours .... for three days
pour quatre nuits.......... for four nights

Pour combien de personnes?
                        For how many?
l'adulte (m, f) .... adult
l'enfant (m,f)................ child
âgé de moins de trois ans..under three
la fille........................... girl
le garçon .... boy
la personne.................. person

For numbers see page 91
For other family words see page 27
For countries, towns, regions see page 89
For how to express opinions see page 39

Quand êtes-vous allé?
                        When did you go?
l'année dernière (f)...... last year
avant-hier .... the day before yesterday
hier .... yesterday
il y a deux mois........... two months ago
il y a une quinzaine ..... a fortnight ago
la semaine dernière...... last week
pendant le week-end.... during the weekend

Quand irez-vous?   When will you be going?
à Noël .... at Christmas
à Pâques .... at Easter
au mois d'août............. in August
dans huit jours............. in a week's time
dans trois mois .... in three months' time
demain .... tomorrow
l'année prochaine .... next year
pendant les grandes vacances
.... during the summer holidays
la semaine prochaine ... next week
le surlendemain .... the day after tomorrow

Avec qui?   With whom?
la famille..................... family
l'ami (m), l'amie (f) .... friend
le copain, la copine...... friend
le correspondant, la correspondante
.... penfriend

80

Qu'est-ce que vous avez mangé?
What did you eat?

la cuisine française ...... French cooking, food
la cuisine chinoise........ Chinese food
la cuisine indienne .... Indian food

le bœuf bourgignon ..... beef casserole
la bouillabaisse .... fish soup
le canard à l'orange ..... duck with orange sauce
le cassoulet .... casserole of meat and beans
la choucroûte .... sauerkraut
le coq au vin .... coq au vin
la crêpe .... pancake
le curry .... curry
les escargots (m) .... snails
le foie gras .... duck liver terrine
les fruits de mer (m) .... sea food
la galette .... savoury pancake
la galette des Rois .... Twelfth Night cake
le hamburger .... hamburger
le magret de canard...... breast of duck
la salade niçoise........... salade niçoise
la soupe à l'oignon ...... onion soup
la ratatouille................. ratatouille
la sauce à la menthe..... mint sauce
la tarte tatin .... upside down apple tart

For recipe words see page 56
For other foods see pages 23, 54

Au bord de la mer **At the seaside**

le bateau à moteur........ motor boat
le bateau à rames .... rowing boat
le bateau gonflable....... inflatable
la bouée de sauvetage .. lifebelt
la cabine .... beach hut
la canne à pêche........... fishing rod
le canot pneumatique ... inflatable dinghy
la chaise longue .... sunbed
le chapeau de soleil...... sunhat
le château de sable .... sandcastle
le char à voile .... sand yacht
les coquillages (m)....... shells

le dériveur .... dinghy
les galets (m) .... shingle
la glace........................ ice cream
l'huile solaire (f) .... sun oil
les lunettes de soleil (f) sunglasses
la mer .... sea
la mouette................... seagull
le pédalo..................... pedalo
la pelle .... spade
la plage....................... beach
la plage (non) surveillée
      .... (un)supervised beach
la planche à voile......... sailboard
le sable .... sand
le seau .... bucket
la vague...................... wave (sea)
le vendeur de glaces .... ice cream seller

le bateau (de pêche)..... (fishing) boat
la falaise...................... cliff
la marée basse .... low tide
la marée haute .... high tide
le pêcheur................... fisherman
le phare .... lighthouse
le port......................... port
le port de plaisance...... yacht marina
le poste de secours....... first aid post
le quai .... quay
le voilier..................... sailing ship
le yacht....................... yacht

Les sports d'hiver Winter sports

Les gens   **People**
le débutant.................. beginner
le guide .... guide
le moniteur de ski........ ski instructor
le skieur...................... skier

La station de ski **Ski resort**
l'avalanche (f) .... avalanche
le bonhomme de neige. snowman
la boule de neige .... snowball
le chalet...................... chalet

la chasse-neige............. snow-plough
le flocon de neige .... snowflake
le magasin de ski .... ski shop
la montagne................. mountain
la neige........................ snow
la patinoire .... ice rink
la pente........................ slope
la piste........................ piste, ski run
la remontée mécanique ski lift
la télécabine................. cable car
le téléférique................ cable car
le télésiège.................. chair lift
le téléski .... T-bar
la tempête de neige ...... snowstorm

Le matériel de ski　　Skiing equipment
le bâton........................ ski pole
le bonnet...................... hat
les chaussures de ski (f) ... ski boots
le gant .... glove
le pantalon de ski......... ski pants
la salopette .... salopette
le ski........................... ski

Les excursions　　Outings

La réserve　　Safari park
l'animal (m) .... animal
l'oiseau (m) .... bird
le poisson .... fish
le reptile .... reptile

la griffe .... claw
le museau .... face (animal)
la queue....................... tail
la patte........................ paw
la trompe .... trunk

le chameau .... camel
le crocodile................. crocodile
l'éléphant (m)............. elephant
la girafe .... giraffe
le lion .... lion
le loup .... wolf
la loutre .... otter

l'ours (m) .... bear
l'ours blanc (m)........... polar bear
le phoque..................... seal
le rhinocéros................ rhinoceros
le serpent..................... snake
le singe........................ monkey
le tigre........................ tiger
le zèbre........................ zebra

La ferme et le bois
Farm and woodland
le champ...................... field
l'étable (f) .... stable
la grange .... barn

l'agneau (m)................ lamb
l'âne (m) .... donkey
le bœuf .... bullock
le canard...................... duck
le chat .... cat
le cheval...................... horse
la chèvre...................... goat
le chien........................ dog
le cochon..................... pig
le coq .... cockerel
le crapaud.................... toad
la dinde .... turkey
l'écureuil (m) .... squirrel
la grenouille .... frog
le hérisson .... hedgehog
le lapin .... rabbit
le mouton .... sheep
l'oie (f)........................ goose
la poule .... hen
le poussin .... chick
le rat............................ rat
le renard...................... fox
la souris...................... mouse
le taureau..................... bull
la vache....................... cow
le veau......................... calf

For insects see page 87

Le pique-nique — Picnic
Où allez-vous? — Where are you going?

l'aire de pique-nique (f)... picnic area
à la campagne.............. in the country
à la montagne .... to the mountains
à la plage .... to the beach
dans la forêt................. in the forest

For weather see page 49
For food and drink for a picnic see page 54

C'était comment? — What was it like?

à emporter .... take away
à l'ombre..................... shady
au soleil .... sunny
autre .... other
beau, bel, belle............. beautiful
bruyant .... noisy
complet, complète .... full
compris........................ included
confortable .... comfortable
défendu........................ not allowed
disponible.................... available
fantastique .... fantastic
grand .... big
de grand confort (inv).. very comfortable
de grand luxe (inv) ...... luxurious
historique.................... historic
industriel, industrielle .. industrial
joli .... pretty
non compris................. not included
obligatoire .... compulsory
occupé .... taken
paisible....................... peaceful
pas cher (chère) .... not dear
pittoresque.................. picturesque
privé .... private
superbe....................... superb
tranquille .... peaceful
touristique .... popular with tourists
toute l'année............... all year round

Des verbes utiles — Useful verbs

aider............................ to help
aller* *irreg* .... to go
aller* voir *irreg* .... to visit (person)
se baigner*.................. to bathe
se balader*.................. to go for a walk
chercher .... to look for
coûter .... to cost
être en vacances *irreg* .. to be on holiday
faire une promenade *irreg* ..to go for a walk
fermer .... to close
jouer............................ to play
marcher....................... to walk
se mettre* en route *irreg* ....to set out
monter* à cheval .... to ride
nager † .... to swim
ouvrir *irreg*................. to open
partir* en vacances *irreg* . to go on holiday
passer quinze jours ...... to spend a fortnight
payer † .... to pay (for)
se promener* † .... to walk
remercier.................... to thank
rester*......................... to stay
visiter .... to visit (place)
voir *irreg*.................... to see
voyager † .... to travel

s'amuser*.................... to have a good time
apporter un pique-nique... to take a picnic
avoir le mal de mer *irreg* . to be seasick
se bronzer*................. to sunbathe
camper .... to camp
dresser une tente.......... to pitch a tent
faire de l'alpinisme *irreg* . to go mountaineering
faire de la luge *irreg* .... to go sledging
faire du ski *irreg*.......... to ski
faire du ski de fond *irreg*
........................to do cross country ski-ing
faire de la planche à voile *irreg*
.... to sailboard
faire une promenade en bateau *irreg*
.... to go out in a boat
faire une randonnée *irreg* to go for a hike

faire du camping *irreg* . to go camping
faire la cuisine *irreg*..... to cook
faire du ski nautique *irreg*.... to water ski
faire du surf *irreg* .... to surf
faire de la voile *irreg* ... to sail
flotter .... to float
louer............................. to hire, let

se noyer* †................. to drown
partir* en avion *irreg*... to leave by plane
partir* en vacances de neige *irreg*
.... to take a winter holiday
plonger †..................... to dive
ramer........................... to row

Phrases

J'ai passé les grandes vacances au bord de la mer *I spent the summer holidays by the sea*

J'ai visité l'Allemagne l'année dernière *I visited Germany last year*

Nous avons fait du camping en France *We went camping in France*

Je suis allé(e) avec ma famille *I went with my family*

Nous avons passé une quinzaine à la montagne *We spent a fortnight in the mountains*

Je vais partir en Espagne pendant les vacances de Pâques *I shall be going to Spain in the Easter holidays*

Je vais faire du ski à Val d'Isère à Noël *I shall be going skiing in Val d'Isère at Christmas*

Je voudrais réserver une chambre avec salle de bains pour deux personnes *I would like to reserve a room, with a bath, for two people*

Nous comptons rester trois nuits *We are planning to stay three nights*

Le petit déjeuner est servi à quelle heure? *What time is breakfast?*

Où est-ce que je peux garer la voiture, s'il vous plaît? *Where may I park the car, please?*

Il y a un restaurant près de l'hôtel? *Is there a restaurant near the hotel?*

Il ne reste plus de savon *There is no soap left*

LE MONDE INTERNATIONAL

Les généralités   General

les pays dévéloppés (m)... developed countries
les pays en voie de dévéloppement (m)
.... developing countries
les pays industrialisés (m)
.... industrialised countries
les pays riches (m) .... rich countries
le tiers monde .... the third world

l'aggressivité (f) .... aggression
l'analphabétisme (m) ... illiteracy
l'asile politique (m) ..... political asylum
le capitalisme............... capitalism
le communisme .... communism
la corruption .... corruption
la couleur de la peau .... skin colour
l'égalité (f) .... equality
les grandes entreprises (f) .. big business
la loi de la jungle .... law of the jungle
la maladie .... illness
la maladie psychiatrique .. psychiatric illness
la misère .... poverty, destitution
l'opinion politique (f) . political opinion
la pauvreté .... poverty
le préjugé..................... prejudice
la police secrète .... secret police
le refugié, la refugiée ... refugee
la religion .... religion
le socialisme................ socialism
le terrorisme .... terrorism

Des verbes utiles   Useful verbs

demander l'asile .... to seek asylum
donner asile à............... to give asylum to
exploiter .... to exploit
respecter .... to have respect for
se suicider*................. to commit suicide
tolérer † .... to have tolerance for
torturer .... to torture
tuer .... to kill

L'histoire et la politique
History and politics

Les gens	People
le député.....................	MP
le président.................	president
la présidente	president
le prince	prince
la princesse.................	princess
la reine	queen
le roi...........................	king

la bourgeoisie.............. middle class
la classe ouvrière......... working class
la démocratie.............. democracy
l'état (m) .... state
le gouvernement.......... government
la guerre .... war
la guerre civile............. civil war
la monarchie............... monarchy
la nation .... nation
l'opinion publique (f) .. public opinion
la paix .... peace
le parlement................ parliament
le parti......................... party (political)
le pays......................... country
la première guerre mondiale
.... World War 1
la deuxième guerre mondiale
.... World War 2
la république .... republic
la révolution .... revolution
la Révolution française.... the French
          Revolution (1789)

La géographie   Geography

le canal........................ canal
la chaîne de montagnes.... mountain range
le col .... mountain pass
la colline .... hill
le continent................. continent

la falaise .... cliff
le fleuve .... river (large)
le glacier..................... glacier
la forêt tropicale .... rain forest
la montagne................. mountain
le pays .... country
le pic .... peak
la plaine...................... plain
le plateau.................... plateau
la province.................. province
la région .... region
la rivière.................... river
la vallée..................... valley
le village.................... village
la ville .... town

La conservation   Conservation

l'avenir (m) .... future
la cause...................... reason, cause
la conséquence............. consequence
l'effet (m).................... effect
l'énergie (f) .... energy
l'espace (m)................. space
la lune .... moon
le monde..................... world
la nature .... nature
la planète.................... planet
la raison...................... reason
la terre .... earth
le soleil...................... sun

le climat .... climate
la couche d'ozone........ ozone layer
les économies d'énergie (f pl)
.... energy conservation
l'écosystème (m) .... ecosystem
l'environnement (m).... environment
l'équilibre naturel (m) . natural balance
la faune...................... animals, fauna
la faune sous-marine.... marine life
la flore....................... plants, flora
la feuille .... leaf

la forêt........................ forest
le monde sauvage........ wilderness
la nature .... nature, wilderness
les oiseaux (m) .... bird life

Des catastrophes   Disasters

l'avalanche (f) .... avalanche
le changement climatique .change in climate
le déboisement .... deforestation
le dégel...................... thawing
l'effet de serre (m) ...... greenhouse effect
l'épidémie (f) .... epidemic
l'éruption volcanique... volcanic eruption
l'explosion (f) .... explosion
la famine .... famine
l'incendie (m)............. fire
l'inondation (f)........... flood
le manque de pluie ...... lack of rain
la pollution urbaine ..... urban pollution
les ravages de la pollution (m)
.... ravages of pollution
le raz-de-marée........... tidal wave
la sécheresse............... drought
la tornade .... tornado
le tremblement de terre.....earthquake

Les sources de pollution
Sources of pollution

l'acide (m).................. acid
le bois .... wood
le carburant .... fuel
la centrale électrique.... power station
la centrale nucléaire..... nuclear power station
le charbon .... coal
la circulation .... traffic
les combustibles (m) fossiles
.... fossil fuels
les gaz d'échappement (m)
.... exhaust gases
le gaz naturel.............. natural gas
les industries chimiques (f)
.... chemical industries

l'industrie houillière (f) ... coal industry
la marée noire.............. oil on beach
le méthanier................ gas tanker
la nappe de pétrole....... oil slick
le pesticide.................. pesticide
le pétrolier .... oil tanker
la pluie acide .... acid rain
le pot d'échappement... exhaust pipe
la raffinerie................. oil refinery
les retombées radio-actives (f)
.... radio-active fall-out
Tchernobyl .... Chernobyl
le terril......................... slag heap
l'usine (f)..................... factory

Les ordures ménagères
Domestic waste

la boîte d'aluminium.... aluminium can
la boîte d'acier............. steel can
la matière plastique...... plastic
le métal....................... metal
le papier...................... paper
le recyclage des déchets... recyling waste
le sac en plastique........ plastic bag
le verre .... glass

brun............................ brown
vert .... green
transparent.................. clear

La faune   Fauna
Les insectes   Insects

l'abeille (f) .... bee
l'araignée.................... spider
la chenille................... caterpillar
la coccinelle................ ladybird
la fourmi...................... ant
la guêpe .... wasp
la mouche.................... fly
le moustique .... mosquito
le papillon................... butterfly
le papillon de nuit........ moth

Les oiseaux   Birds

le cygne...................... swan
la chouette.................. barn owl
le condor .... condor
le gibier d'eau .... waterfowl
l'oiseau migrateur (m). migratory bird
le rapace..................... bird of prey

Les espèces menacées(f)
Endangered species

la baleine bleue........... blue whale
le dauphin................... dolphin
l'orang-outang (m) ...... orang-utan
l'ours blanc (m)........... polar bear
le panda géant .... giant panda
le requin .... shark

.For other animals see page 82

le cadavre .... corpse
la défense .... tusk
le fourrage.................. fodder
la fourrure .... fur
l'habitat (m) .... habitat
l'ivoire (m).................. ivory
le plancton.................. plankton

La flore   Flora

l'arbre (m).................. tree
le bois......................... wood
le chêne...................... oak
la fleur........................ flower
les fleurs sauvages (f) .. wild flowers
la forêt........................ forest
la jacinthe des bois ...... bluebell
l'orme (m)................... elm
le pin.......................... pine tree
la primevère .... primrose
le sapin....................... fir tree

Des adjectifs   Adjectives

affreux, affreuse .... awful
blessé .... injured, wounded
bruyant....................... noisy

chaud	hot
couvert	cloudy, overcast
criminel, criminelle	criminal
doux, douce	soft, gentle
écologique	ecological
froid	cold
humide	humid, wet
irréversible	irreversible
mouillé	wet
nordique	northern
nucléaire	nuclear
raide	steep
sombre	dark, gloomy
tiède	mild, lukewarm
urbain	urban

Des verbes utiles   **Useful verbs**

améliorer	to improve
se baisser*	to fall (temperature)
brûler	to burn, parch
condamner	to condemn, doom
cueillir *irreg*	to pick
cultiver	to grow, cultivate
dégazer	to flush out tanks (at sea)
dépasser	to exceed
dessécher †	to parch, dry out
détruire *irreg*	to destroy
déverser	to dump at sea (oil, chemicals)
empoisonner	to poison
gaspiller	to waste
limiter les dégats	to limit the damage
menacer †	to threaten
monter*	to rise (temperature)
polluer	to pollute
produire un climat *irreg*	to produce a climate
protéger †	to conserve, protect
recycler	to recycle
se répandre*	to spread
respirer	to breathe
sauver	to save
souffrir *irreg*	to suffer
soupçonner	to suspect
spolier	to despoil
tuer	to kill
tomber*	to fall (temperature)
voler	to steal

LES PAYS, LES RÉGIONS, LES VILLES

L'Union européenne   The European Union

Pays Country	Meaning	Langue Language	Habitant Inhabitant	Adjectif Adjective
l'Angleterre (f)	England	l'anglais	un(e) Anglais(e)	anglais(e)
l'Écosse (f)	Scotland	l'anglais	un(e) Écossais(e)	écossais(e)
l'Irlande du Nord (f)	N Ireland	l'anglais	un(e) Irlandais(e)	irlandais(e)
l'Irlande (l'Eire) (f)	Irish Republic	l'irlandais, l'anglais	un(e) Irlandais(e)	irlandais(e)
le Pays de Galles	Wales	le gallois, l'anglais	un(e) Gallois(e)	gallois(e)
l'Allemagne (f)	Germany	l'allemand	un(e)Allemand(e)	allemand(e)
l'Autriche (f)	Austria	l'allemand	un(e) Autrichien(ne)	autrichien(ne)
la Belgique	Belgium	le français, le flamand	un(e) Belge	belge
le Danemark	Denmark	le danois	un(e) Danois(e)	danois(e)
l'Espagne (f)	Spain	l'espagnol	un(e) Espagnol(e)	espagnol(e)
la Finlande	Finland	le finnois	un(e) Finlandais(e)	finlandais(e)
la France	France	le français	un(e) Français(e)	français(e)
la Grèce	Greece	le grec	un Grec, une Grecque	grec, grecque
l'Italie	Italy	l'italien	un(e) Italien(ne)	italien(ne)
le Luxembourg	Luxembourg	le français, l'allemand	un(e) Luxembourgeois(e)	luxembourgeois(e)
les Pays Bas (m)	Netherlands	le néerlandais	un(e) Néerlandais(e)	néerlandais(e)
le Portugal	Portugal	le portugais	un(e) Portugais(e)	portugais(e)
la Suède	Sweden	le suédois	un(e) Suédois(e)	suédois(e)

Des pays francophones

l'Algérie (f) .... Algeria
la Belgique .... Belgium
le Bénin .... Benin
le Burkino Faso .... Burkino faso
le Burundi.................... Burundi
le Cambodge (le Kampuchéa)
.... Cambodia
le Canada.................... Canada
les Comores (f) .... Comoros
la Côte d'Ivoire .... Ivory Coast
la République de Djibouti
.... Djibouti
la France..................... France
le Gabon..................... Gabon
la Guinée.................... Guinea

l'île d' Haïti (f) .... Haïti
le Liban...................... Lebanon
le Luxembourg........... Luxembourg
l'île de Madagascar (f) Madagascar
le Mali........................ Mali
le Maroc..................... Morocco
l'île Maurice (f)........... Mauritius
le Niger...................... Niger
la Polynésie................ Polynesia
la République Centrafricaine
.... Republic of Central Africa
le Ruanda .... Rwanda
le Sénégal................... Senegal
les Seychelles (f) .... Seychelles
la Suisse..................... Switzerland
le Tchad .... Chad

le Togo	Togo
la Tunisie	Tunisia

D'autres pays — Other countries

l'Afrique du Sud (f)	South Africa
les Antilles (f)	West Indies
l'Argentine (f)	Argentina
l'Australie (f)	Australia
les Bermudes (f)	Bermuda
le Brésil	Brazil
le Bangladesh	Bangladesh
le Chili	Chile
la Chine	China
la Colombie	Colombia
les États-Unis (m)	America
la Grenade	Grenada
l'Inde (f)	India
la Jamaïque	Jamaica
le Japon	Japan
la Norvège	Norway
la Nouvelle-Zélande	New Zealand
le Pakistan	Pakistan
la Russie	Russia
la Thaïlande	Thailand
le Viêt-nam	Vietnam

Les régions — Regions

la Bretagne	Brittany
la Bourgogne	Burgundy
les Cornouailles (f)	Cornwall
le Côte d'Azur	French Riviera
les îles anglo-normandes	Channel Islands
le Midi	South of France
la Normandie	Normandy
les Orcades (f)	Orkney Isles
les Sorlingues (f)	Isles of Scilly
le Yorkshire	Yorkshire

Les Villes — Towns

Aix-la-Chapelle	Aachen
Alger	Algiers
Anvers	Antwerp
Bruxelles	Brussels
Cantorbéry	Canterbury
Copenhague	Copenhagen
Douvres	Dover
Dunkerque	Dunkirk
Edimbourg	Edinburgh
Francfort	Frankfurt
Genève	Geneva
la Haye	The Hague
Lisbonne	Lisbon
Londres	London
Lyon	Lyons
Marseille	Marseilles
Montréal	Montreal
Moscou	Moscow
Québec	Quebec
Reims	Rheims
Venise	Venice
Vienne	Vienna
Varsovie	Warsaw

Des mers, des montagnes, des rivières — Seas, mountains and rivers

la Manche	English Channel
le Pas de Calais	Straits of Dover
la Baltique	Baltic Sea
la Mer d'Irlande	Irish Sea
la Mer du Nord	North Sea
la Méditerranée	Mediterranean Sea
la Mer Noire	Black Sea
la Mer Rouge	Red Sea
la Mer Morte	Dead Sea
l'Océan Atlantique	Atlantic Ocean
l'Océan Pacifique	Pacific Ocean
les Alpes (f)	Alps
les Pyrénées (f)	Pyrenees
le Mont Blanc	Mont Blanc
le Rhin	Rhine
le Rhône	Rhone
la Seine	Seine
la Tamise	Thames

LES NOMBRES, L'HEURE ET LA DATE

Les nombres cardinaux　　　　　　　Cardinal numbers

0	zéro	20	vingt	80	quatre-vingts
1	un, une	21	vingt et un	81	quatre-vingt-un
2	deux	22	vingt-deux	82	quatre-vingt-deux
3	trois	23	vingt-trois	90	quatre-vingt-dix
4	quatre	24	vingt-quatre	91	quatre-vingt-onze
5	cinq	25	vingt-cinq	92	quatre-vingt-douze
6	six	26	vingt-six	100	cent
7	sept	27	vingt-sept	101	cent un
8	huit	28	vingt-huit	105	cent cinq
9	neuf	29	vingt-neuf	110	cent dix
10	dix	30	trente	150	cent cinquante
11	onze	31	trente et un	300	trois cents
12	douze	40	quarante	308	trois cent huit
13	treize	41	quarante et un	400	quatre cents
14	quatorze	50	cinquante	406	quatre cent six
15	quinze	60	soixante	1000	mille
16	seize	70	soixante-dix	1203	mille deux cent trois
17	dix-sept	71	soixante et onze	5000	cinq mille
18	dix-huit	72	soixante-douze	1.000.000	un million
19	dix-neuf	79	soixante-dix-neuf	1.000.000.000	un milliard

Remember that

vingt et un, trente et un, quarante et un, cinquante et un, soixante et un, soixante et onze **are not** hyphenated, but quatre-vingt-un and quatre-vingt-onze **are** hyphenated.

La date　　　　　　　　　　　　The date

C'est aujourd'hui le premier septembre .... Today is September 1st
C'est aujourd'hui le deux janvier .... Today is January 2nd
C'est aujourd'hui le huit mars .... Today is March 8th
C'est aujourd'hui le onze avril .... Today is April 11th
C'est aujourd'hui le dix-neuf mai .... Today is May 19th
C'est aujourd'hui le quatorze juillet .... Today is July 14th
Mon anniversaire est le dix novembre .... My birthday is November 10th
Je suis né(e) en dix-neuf cent quatre-vingt-deux I was born in 1982

Les nombres ordinaux

premier, première .... first
deuxième .... second
troisième .... third
quatrième .... fourth
cinquième .... fifth
sixième .... sixth
septième .... seventh
huitième .... eighth
neuvième .... ninth
dixième .... tenth
onzième .... eleventh

Ordinal numbers

douzième .... twelfth
treizième .... thirteenth
quatorzième .... fourteenth
quinzième .... fifteenth
seizième .... sixteenth
dix-septième .... seventeenth
dix-huitième .... eighteenth
dix-neuvième .... ninteenth
vingtième .... twentieth
vingt et unième .... twenty-first

Quelle heure est-il?

Il est une heure .... It is one o'clock
Il est deux heures .... It is two o'clock
Il est trois heures cinq .... It is five past three
Il est quatre heures dix .... It is ten past four
Il est cinq heures et quart .... It is quarter past five
Il est six heures vingt .... It is twenty past six
Il est sept heures vingt-cinq .... It is twenty five past seven
Il est huit heures et demie .... It is half past eight
Il est deux heures moins vingt-cinq .... It is twenty five to two
Il est trois heures moins vingt .... It is twenty to three
Il est quatre heures moins le quart .... It is quarter to four
Il est cinq heures moins dix .... It is ten to five
Il est six heures moins cinq .... It is five to six

Il est midi .... It is midday, noon
Il est midi cinq .... It is five past twelve (midday)
Il est midi et quart .... It is quarter past twelve
Il est midi moins le quart .... It is quarter to twelve
Il est minuit .... It is midnight
Il est minuit dix .... It is ten past twelve (night)
Il est minuit et demi .... It is half past twelve (night)
Il est minuit moins dix .... It is ten to twelve (night)

Il est vingt heures (20h) 20.00
Il est vingt-deux heures quinze (22h15) 22.15
Il est dix-huit heures trente (18h30) 18.30
Il est treize heures quarante-cinq (13h45) 13.45

Telling the time

Matin, midi et soir

le jour	day
la nuit	night
le matin	morning

Parts of the day

l'après-midi (m)	afternoon
le soir	evening
tous les jours	every day

Les jours de la semaine

lundi	Monday
mardi	Tuesday
mercredi	Wednesday
jeudi	Thursday

Days of the week

vendredi	Friday
samedi	Saturday
dimanche	Sunday

Les mois de l'année

janvier	January
février	February
mars	March
avril	April
mai	May
juin	June

Months of the year

juillet	July
août	August
septembre	September
octobre	October
novembre	November
décembre	December

ABBRÉVIATIONS ET SIGLES

BD (bande dessinée)	cartoon, comic strip
BEPC (brevet d'études du premier cycle)	certificate for 15 year olds
CEDEX	company PO box
CE (communauté européenne)	EC
CES (collège d'enseignement secondaire)	comprehensive school
CET (collège d'enseignement technique)	technical school
DOM (département d'outre mer)	French overseas department
EPS (éducation physique et sportive)	PE
FR2 (France 2)	Channel 2 on French television
FR3 (France 3)	Channel 3 on French television
HLM (habitation à loyer modéré)	subsidised housing - usually flats
M (Monsieur)	Mr
Mme (Madame)	Mrs, Ms
Mlle (Mademoiselle)	Miss, Ms
MJC (maison des jeunes et de la culture)	Youth Centre
MLF (Mouvement de la libération des femmes)	Women's Lib
OMS (Organisation mondiale de la santé)	World Health Organisation

ONU (Organisation des Nations Unies) .... United Nations Organisation

OTAN (Organisation du Traité de l'Atlantique Nord) .... NATO

OVNI (objet volant non-identifié) .... UFO

P et T (Postes et Télécommunications)............................. Post Office

PDG (président directeur général) .... Managing Director

PJ (police judiciaire) .... CID

PV (procès-verbal) .... fixed penalty fine

RATP (Régie autonome des transports parisiens)............. Paris public transport system

RER (réseau express régional) .... Paris suburban railway system

SA (société anonyme)... Ltd

SAMU (service d'assistance médical d'urgence) .... mobile medical assistance unit

SDF (sans domicile fixe) .... of no fixed abode

SIDA (Syndrome Immuno-Déficitaire Acquis).................. Aids

SMIC (salaire minimum interprofessional de croissance).. index-linked minimum wage

SNCF (Societé nationale des chemins de fer français) .... French Railways

SPA (Societé protectrice des animaux).............................. Animal protection society

SVP (s'il vous plaît) .... please

TOM (territoires d'outre mer) .... French overseas territories

TGV (train à grande vitesse) .... high speed train

TVA (taxe sur la valeur ajoutée).. VAT

TTC (toutes taxes comprises)... inclusive of tax

les TUC (travaux d'utilité collective) .... community work

UE (l'union européenne) .... EU (European Union)

UHT (ultra haute température) .... UHT (milk)

ULM (ultra-léger-motorisé) .... micro-light aircraft

en VO (version originale).. with the original soundtrack

VIH (virus d'immunodéficience humaine) .... HIV

VTT (vélo tout terrain)... mountain bike

La France

Dunkerque
Calais
Boulogne
Lille
Cherbourg
Dieppe
Amiens
Le Havre
Rouen
La Seine
Reims
PARIS
Nancy
Strasbourg
Brest
St Malo
Le Rhun
Rennes
Le Mans
Orléans
La Loire
Tours
Nantes
Dijon
Poitiers
La Rochelle
Saône
Limoges
Clermont-Ferrand
Lyon
Grenoble
LE MASSIF CENTRAL
Le Rhône
Bordeaux
LES ALPES
La Garonne
Avignon
Nice
Biarritz
Toulouse
Montpellier
Marseille
Toulon
Lourdes
LES PYRENEES

NOTES